権田純平

# 15メートルの通学路

院内学級——いのちと向き合うこどもたち

教育史料出版会

# 目次

# まえがき

それまで元気に小学校や中学校に通っていたこどもたちが、病気になったり事故にあったりして入院をする。あたりまえと思ってきた家族との団欒も、学校での友人たちとの楽しいおしゃべりも、大好きだった釣りやサッカーも、その日を境にできなくなる。

そんなこどもたちに教育を保障する制度がある。テレビドラマになったりもするので、「院内学級」という言葉は聞いたことがあるかもしれない。ほかに週三回教師を病院まで派遣する「病院訪問教育」と、病院に隣接された病弱養護学校に通って授業を受けるスタイルのものがある。

実施形態は少しずつ異なるが、いずれも長い入院を余儀なくされた子に教育を保障する制度であることにかわりはない。

病気のこどもたちへの教育は明治時代から行われ、第二次世界大戦後に全国各地で多彩な展開がなされていく。養護学校義務制実施（一九七九年）に伴い、養護学校や院内学級などの増設がすすみ、病弱児教育は拡大していく。

八〇年代から九〇年代半ばころまでは、腎臓病と小児喘息の子が多く在籍したが、現在こどもたちの病種は多岐にわたる。私が教師をしている愛知県の「病院訪問教育」の現場では、白血病や神経芽腫（交感神経が癌に犯される）、骨肉腫といった病気が多い。

それらの病気の治療は、骨髄移植をしたり放射線や抗癌剤の投与などが行われる。治療が始まると副作用から髪が抜け、身体を折り曲げ嘔吐を繰り返す子もいる。細菌やウイルスへの抵抗力も低下し、感染予防のために個室に入れば面会を制限されることもある。

骨肉腫で下肢を切断したり事故で大きな障害が残る場合は、精神的なショックを乗り越えるのに時間が必要だ。ようやく現実を受け入れられるようになれば、こんどはさらに長い時間を必要とするリハビリが待っている。

先の見えぬ不安を抱きながら、こどもたちは精神的にも肉体的にも苦しい日を過ごさなければならない。父母や家族の悲嘆は大きく、付き添いや経済的な負担といった現実的な問題も増える。おだやかに暮らしていた家族の生活は、入院の日を区切りに一変する。

だが入院生活が長期になることが分かると、本人も家族も少しずつ気持ちの変化が現れる。苦しみと悲しみ以外には何もないと思っていた病院生活のなかにも、平穏な時間があることに気付くのだ。

放射線治療や抗癌剤投与も、入院期間中ずっと続くわけではない。癌細胞を叩くその治療はこどもたちから激しく体力を奪うため、一定の期間をあけて行われる。治療のない時期のこどもたちは比較的元気だ。テレビゲームをしたりプレールームで遊んだりもする。ローラーのついた点滴棒をスケートボードのかわりにして、小児病棟の廊下をくるくると滑って遊ぶ猛者もいる。

「せんせい、いいもの見せてあげよっか？」

訪問教育の授業をするため病院を訪れると、片足を切断してリハビリを続けている小学生の男の子が話し掛けてきたことがある。

彼は返事を待たずに、車椅子の小さな前輪を上げ後輪だけで動かす「ウイリー」を披露してくれた。

「おお、すごいなあ……うまいなあ」

素直に感心すると、車椅子をさらに急角度に傾けた。さっきよりも凄い技を見せようとするのだ。

「わかった、わかった、上手だ。けど、もういいから。ありがと」

車椅子を押さえ、あわてて制止をした。厳しい治療のないときのこどもたちは、まったく「普通のこども」なのだ。

入院に慣れ、時間を持て余すこの頃になると、両親もようやく小中学校での学習の遅れについて考えるようになる。

あるお母さんは、その時期のゆれる親の気持ちをこう書く。

### 病院訪問教育を受けて

田中涼子

「生きていてくれさえすればいい」

八歳の娘の病気が難病であることを知ったとき、そう思いました。

入院し、いろいろと辛い治療がありました。その間は何よりも病気を治すことが第一で、勉強なんてどうでもいいと本気で思っていました。けれど子どもにとってはそうではなかったようです。

病院で暮らす日々は退屈でした。最初のうちこそ、小学校の級友たちが争ってお見舞いに来てくれました。でもその数もだんだん減っていきます。小学校の先生も何度か顔を出してくださったのですが、お忙しいのでそうしょっちゅうは来ていただけません。

入院が長期にわたるにつけ、やはり学業の遅れが気になってきました。このままで退院して学校に復帰した時、ちゃんとやっていけるだろうか。そう思っていた時に、主治医から

「訪問教育」のお話がありました。養護学校の専任の先生が病院を訪れ、個人授業をしてくださるとのこと。ただ学籍をふたつ持つ事は出来ないので、いったん今の小学校を転出する手続きを取らねばならないことを知らされました。

正直、最初聞いたときはちゅうちょしました。今のクラスから娘の名前がなくなってしまうのも、学校とのつながりが切れてしまうようで嫌でしたし、養護学校に「転校」することにも抵抗がありました。けれど何より娘自身の（学校で勉強したい）という希望があったことが、私たちに病院訪問教育を受けさせる決心をつけさせてくれました。在籍していた小学校の先生が、

「手続き上のことですので、クラスの子どもたちには転出したことを知らせません。良くなったらいつでも戻ってきてください」

そう言って下さり、また養護学校の先生からは、

「病院での授業は、何がなんでも勉強するというのではなく、体調のすぐれない時などは、話し相手になったりトランプなどをして、少しでも気持ちがはれるようにしてあげたいと思います」

そう言われ、私たちの不安は殆どなくなりました。

単調な病院の生活のなかで、訪問教育の授業は娘にとって楽しみの時間になりました。勉

強だけでなく、お菓子を作ったり、絵を描いたり工作をしたりと、

「こんなに楽しそうでいいの？」

と思うくらいの授業風景でした。

結局十ヵ月の入院期間のうち、七ヵ月間訪問教育を受けました。今は無事退院し、地元の小学校に通っています。

勉強面だけでなく、精神面でも娘をよくフォローしていただきました。

どんなに一生懸命してやっても、親だけではできることに限界があります。辛い入院でしたが、病院訪問教育を受けたおかげで、娘にとっては闘病生活も少しは過ごしやすいものになったのではないかと思います。

子どもたちは、教育を受ける権利があります。たとえ病気になっても、その権利を奪うことはだれにもできません。今は本当にそう考えるようになりました。

こどもたちが、どんな状況にいようとも等しく教育を受けられるようになれば、どんなに素敵なことでしょうか。（略）

（『病院の中に学校があった』病弱児の教育を考える会編集パンフレットより）

重い病気で入院しながら教育を受けた子を持つお母さんの、ごく普通の気持ちであるように思う。そして「たとえ病気になっても、教育を受ける権利がある」というのは、教師である私の実感でもある。

こどもたちは、生きることにひたむきだ。健康であれば見のがしてしまうような日常の何気ないできごとにも、驚いたり、喜んだり、笑ったりと心をうごかす。病気であるがゆえに生きていることの幸福を理解している、ということなのかもしれない。

院内学級や病院訪問教育を担当して、印象深い生徒にたくさん出会った。献身的な医師や看護師、個性的な同僚とも知り合うことができた。本書は、そうした人たちの姿を描いたものである。「病院の中にある学校」がひろく知られ、制度がさらに拡充していくために一助になれば何よりうれしいことである。

院内学級や病院訪問教育で学んだことを誇りに思う、そう言ってくれる生徒や卒業生はおおぜいいる。教師としてはありがたい言葉だ。だが一方で、そうした過去には触れられたくないと願う本人や家族もいる。病気で入院していたという事実は、進学、就職、結婚という人生においての大切な場面で当事者に不利に働くことも少なくない。

そのような現状から本書では、同僚を含め登場人物の特定ができないように配慮をしてある。病院名なども架空のものである。従って本書は事実を記した教育実践記録というより、ひたむきに生きようとする病気のこどもたちと、その周囲の大人たちを描いた「物語」という方が正確である。

ただし「ピアジェの棒」に登場する出原あづみさんと、彼女の父君である名古屋大学教授の出原泰明氏については実名で書いた。あづみさんの遺作写真集『まなざし』について触れたかったからである。

また「あとがき」にNHKテレビで、名古屋第一赤十字病院の院内学級と愛知医科大学病院の病院訪問教育の様子が放映されたことに触れた。高名な病院であり言うまでもないことだが、二つの病院は実在する病院である（愛知医科大学病院は今年四月、院内学級を設置した）。

# 15メートルの通学路

# 流された島

さっきから教頭が忙しそうに校長室を出たり入ったりしている。顔を出すたびに、教員がひとり校長室に呼ばれる。転勤の内示を告げられているのだ。

三学期の終業式前日、職員室で繰り返される毎年の風景だ。だが今年はその数が多い。

「おおっ、まだ終わらないのか。今年は当たり年かあ」

はじめのうちはそんな冗談半分の声も飛んでいたが、いくらなんでもここらで終わりだろうという人数を超えても、呼び込みはちっとも止まらなかった。

去年離婚したばかりで幼い子を二人育てている女性が、三倍近い通勤時間がかかる学校に異動内示を告げられると、年度末に殺到する様々な仕事をやる人はいなくなり、ざわついていた職員室が静かになった。

ずいぶん多いなあとぼんやりしていると、校長室から出てきた教頭と目が合った。

「権田先生」

彼は頬のあたりにわずかに笑みを浮かべ、わたしの名前をよんだ。

「はっ？　俺？」

一瞬意味がわからなかった。教師になってまだ三年目の自分に、転勤内示があるわけがない、はずだった。だが教頭は間違いなくこっちを見ている。

「そっそっ、あんたあんた」

教頭は頷き、指を差してから掌を折り曲げておいでおいでをしている。なんか気分悪いなあ、そういう手招きは。呟きつつ校長室に入った。校長は、背もたれが頭の上まである椅子に小柄な身体を沈めている。

「病弱児の学校です。君の希望をなんとか通すことができて、よかったよ」

抑揚のない声で言った。

「希望？　だれのですか」

「君だよ。言ったじゃないか」

転勤したいなんて頼んだ覚えはないんだがなあ……。

「えっと、あの、俺、じゃなくてボクは、どんな風な希望を言いましたっけ」

「君ぃ、自分のことだろう、じぶんの。忘れたのかね」

校長は椅子の背に身体をそっくり預けたまま、上目遣いにわたしを見て机の端を指の先でトントンと叩いた。意味がわからず黙っていると
「せっかく校長先生が骨を折って下さったのに、どういうつもりだね」

うしろから教頭が口をはさんだ。どういうつもりと言われても、クラスのこどもたちには来年も俺が担任だからな、って今日言っちゃったしなぁ……。

「はあ。でも、えーと、あのボクはそんなコトを言いましたか」

困ったなあ、と思いつつ、とりあえず質問をした。

「何をいっとるんだ君は。ハイと言ったじゃないかハイと。私が、ぼちぼち視野を広げたらどうかね、と聞いたら、言っただろ」

「言いましたか」

「忘れたのかね！　トイレだよ、トイレ」

校長はいらついた表情になり、声をわずかに荒げた。

「ああ、あれかあ」

トイレ、でようやくわかった。けどあれは希望っていうのかなあ。

三学期の初めごろ、職員トイレで校長と並んだことがあった。

「どうだね、権田君。やっとるかね」

彼が言うので、まさかおしっこのことじゃないだろうな、と思いつつ

「はぁ、ぼちぼちやってます」

そう答えた。

「そうかね。そりゃよかった。で、どうだね。ここらで君も少し視野を広げたら」

校長は用を済ませた風なのに、まだ便器の前に立ったままこっちに顔を向けている。

たしかあのとき俺は、こどもたちと凧を作って揚げにいく前に職員トイレに寄ったんだ。みんなはもう運動場に出ていたので、早く行こうとあわてていた。それで、(今、そんな世間話をされてもなあ)と思いつつ「はあ、そうですねえ」と答えて急いでトイレを出たんだ。そうかアレのことか。けどなあ、あれが希望かなあ。それはどうも納得いかないぞと思ったが、うまく言葉にならない。

「あの、内示が出たということは、もうこの学校には残れないのですか」

とたずねた。

「ああ、そういうことだ」

校長は目をそらした。内示なのだから、どうしてもいやなら断ることもできるのかと思っていたが、どうやら違うようだ。

そうか無理か。それなら仕方ないけど、もう少しここにいたかったなあ……。

「病弱児の学校というのは、どんな学校なんでしょうか」

転勤先の学校について聞いておかなきゃいけない。

「心臓病や腎臓病で、入院をしている子どもたちの学校だ」

「入院、してるんですか。それじゃ学校には通えないんじゃないですか」

「病院の中に学校があるんだよ。学校の横に病院もあるし」

「んっ？　えっと、それは、あの、どういうことでしょうか」

頭の中が？マークで一杯になり、たずね返した。

「それは、いけば分かる。何事も経験だ」

校長は厳しい表情でそう言うと窓の外に目をむけた。どうやら彼もあまりよく知らないようである。

「さぁ、もういいでしょう」

教頭に追われるようにして校長室を出た。新任の頃から世話になっている先輩が、ドアの近くでズボンのポケットに両手を突っ込んで待っていた。

「どこだ」

彼がそう言うのとほとんど同時に、教頭が校長室から出て来てわたしの背中から次の人の名前を呼んだ。まだ転出者はいるらしい。いったい何人いるのだ。

「病弱らしいです。まあ何かと反抗的でもあったから仕方ないですよ」

「そうか。で、行くのか」

「はい、そのつもりです」

「そうか」

先輩は首をコキコキとまわして（そうか、行ってしまうのか……）と言った。それからもう一度、同じ言葉を呟いた。

トイレで校長と並んで雑談をしてはいけない。万が一そうした事態に陥ったら多少の困難はあっても早急に切り上げるべし。間の抜けた教訓を残し、わたしは新しい学校に赴任することになった。

聴覚に障害を持つこどもたちとずっと過ごしていこう。新任で聾学校に来て三年。ようやくそう思えるようになった矢先の転任辞令だった。

四月一日は、どこの学校でも職員会議が開かれる。新転任者の辞令交付にあわせ、その年に同じ学校で働く職員全員が初めて顔を合わせるのだ。新しく勤務することになった学校からも、その日の九時までに来るようにと言われていた。

春休みに一度訪れたときに「歩いても来られますよ」と事務の人に教えられていた。時間もあるので、バスは使わず駅から歩くことにした。

古い商店街と住宅街を抜けて二十分ほど歩くと、丘陵地のてっぺん近くにある学校に着いた。正門から玄関まではゆるやかに蛇行した坂になっており、坂道の両側には花水木が等間隔で植えてある。枯れてしまったように見える枝が、丘陵の下の方から吹き上がってくる風に揺られている。坂を登り玄関前にたどりつくと、ロータリーの中央に染井吉野がずんというかんじで立っている。ふっくらと丸みを帯びた莟の先がゆるりと開き始めている。ちょうど入学式のころ見頃になるのかもしれない。

玄関の下駄箱に靴を入れてから、事務室のガラス窓を開けて声をかけた。

「あっ、新しい先生ですね」

一番手前にいた体格のいい優しい目をした男の人が、人の良さそうな笑顔をうかべ席を立った。案内された部屋には十人ほどの人がおり、互いに言葉を交わすこともなく黙って椅子に掛けている。若い人から年配の人までいて、皆ややこわばった顔をしている。どうやら転任者が集められているらしい。

「お待たせしました。今から職員会議を行いますのでご案内します」

沈黙の部屋でしばらく待つと、教頭がドアを開けせわし気に言った。

後をついて職員室棟から渡り廊下に出ると、左に運動場が見えた。サッカーゴールや野球用の小さなバックネットがある。病気のこどもたちが通う学校なのに、どうしてそんなものがあるのだろう。

連れていかれたのは、渡り廊下の突き当たりにある体育館だった。ここで職員会議をやるのか。変な学校だ、と思った。だが中に入ると理由がわかった。職員の数がべらぼうに多いのだ。我々を含めれば百二〜三十人位いるだろうか。前の学校の倍以上だ。これだけの人がいちどに集まれる場所は、たぶんここしかないのだろう。

体育館の中は肌寒くて、ストーブが数台置かれていたがあまり役には立っていないようであった。職員は口の字形に向かい合って座り、校長と教頭の前にだけ長机が置かれ縦長の黒い花器に小手毬の花が生けられている。

校長の簡単な挨拶が終わると、職員の自己紹介が始まった。名前を名乗り、ひとことコメントを加えるのが流儀のようだ。笑いを取ることをめざしているような人が多く、ときどきあちこちで笑い声が起きた。だがそれは、新しく来たわたしには何がおもしろいのかさっぱりわからない話だった。

それにしても多いなあ。職員室に全員が入れないなら、普段はどこにいるんだろう。職員室が二つあるようにも見えなかったしなあ。名前を覚える作業を放棄して別のことを考えていると、横に座った顔の下半分が髭に覆われた四角い顔の男が話しかけてきた。

「あんた、どこから来たの」

前の学校名をいうと、四角顔の髭は「ああそうなの」と、はじめから答など期待していなかったように受け流した。

「俺は定時制から来たんだ。よろしく頼むわ。けどよお、こんなにいっぺんに言ったたって覚えられるわけないのによお。それに笑いを誘うコメントを競って言うというのも、あまりいい感じはしないよな。気持ち悪くないか、そういうの。あんた、どう思う」

男はなれなれしく喋りだした。長い髪を後ろで束ね、肩の筋肉が盛り上がり、がっしりとした身体つきをしている。一見するとラグビー選手か格闘家、もしくは食い詰めた素浪人のようだ。座っていてもかなりの長身だとわかる。大半の人がスーツにネクタイをしているのに、毛玉の目立つセーターに古びた上着を羽織っている。

「それによお、なんか教員も名札つけるらしいぜ」

長髪の格闘家が言った。

「名札？　生徒じゃなくてセンセイが付けるの」

自己紹介が続いているので小声で聞き返した。

「ああ、三月の転任者面接のときに言われなかったか。我々が付けるのよ。まぁ、そういうことの好きな学校なんだろう。どうせ俺は付けないからいいがな。ところであんた、演劇見ないか」

「演劇？」

「そう、演劇。メジャーからマイナーまでだいたい手に入るから、よかったら安く譲るよ」

彼は最後の方を少し声を落として言った。ダフ屋みたいな奴だなと思ったが、声を低くしたのは自己紹介の順番が我々に近づいてきたからだった。話はそこまでとなり、格闘家は立ち上がった。

「去年まで定時制高校にいました。病弱教育がやりたくて、希望してこの学校に来ました。校舎も周りの景色もきれいで感動しています。社会科を担当します。大きいに東と書いて、ダイトウといいます。よろしく」

さっきまでのぞんざいで怪しげな食い詰め野武士風の口調を改め、やけにさわやかに言い放った。感動なんてこういうとこでふつう言うかよ。なかなか鮮やかに豹変する奴だ。素浪人の自己紹介に驚きながら、わたしも名前を名乗るために椅子から立ち上がった。すると百人以上の人が一斉にこちらを見た。

うわぁ、多いなあ。俺はこの中に一人の知り合いもいないんだ。そうして、これから知ってる

人が誰もいないこの学校で、センセイをしていくんだなぁ……。そう思うと一瞬の間ひるんでしまい、

「ご、ごんだ純平といいます」

ボソボソと名前だけを言ってすぐに腰掛けてしまった。

とても素浪人のように、さわやかには言えなかった。座って横を向くと、奴がニヤッと笑った。なんだか嫌なヤローだ。

全体の職員会議が終わってからも、いろんな会議が続いた。それらのたくさんの会議に出て、自分の働くことになった学校がどんな所か、おぼろ気にわかってきた。

学校の隣に県立の病院があり、生徒はそこから通ってくる。重病で病院から出られない生徒には、教員が出向いて授業をする。

三階建ての校舎と広い運動場、それに散策できる森まで持つここは「本校」と呼ばれ、ほかに四つの分教室がある。分教室は院内学級ともいわれ、県内の比較的規模が大きい病院の中に置かれている。院内学級は義務教育の小中学生が対象だが、本校では高校生も受け入れる。

こどもたちは病気が治れば退院し、同時に元の学校に戻る。四月の時点で本校と分教室あわせて二百人ほどの生徒がいるが、入退院が激しく数は一定していない。

事務職を除いても百人を超える教員がいるのに職員室が一つしかないのは、院内学級勤務となれば本校の職員室に居場所は必要ないからだった。きっと本社があって支店があるようなものなのだろう。

わたしは四つある分教室のうちのひとつ、愛知中央病院の院内学級に勤務することになった。病院の名が長いので、略して「アイナカ」と呼ばれているようである。

最後に組まれた会議が、分教室ごとの担当者会議だった。愛中の担当教師は五人。責任者になる主任の先生が最初に挨拶をした。

「何かの縁で、こうして皆さんと一緒に一年間仕事をすることになりました。わしゃあ、主任という柄じゃないけど、まあ生徒と一緒に毎日なんとか過ごしていけたらいい、と思っとります。原田留吉といいます。留さんと呼ばれているから、皆さんもそう言ってくれればいいです」

それまでの会議はなんだかムズカシイ言葉が飛びかっていたので、留吉先生の挨拶は非常に好ましく感じた。五十を幾つか出たくらいの歳だろうか。右足に障害があった。

「権田先生はまだ顔と名前が一致しないだろうから、もう一回名乗って、それから受け持つクラスを決めますか」

どうやら転勤者はわたし一人のようで、再び自己紹介が始まった。

「柳川文子といいます。教師二年目です。できれば小学五・六年生のクラスを受け持ちたいんですけど、駄目でしょうか。専門は体育です。大学時代はソフトボール部でした」
見覚えのある女性が最初に名乗った。彼女は全体の職員会議が終わると、すぐに挨拶をしてきた。全員の勤務先一覧表が配られていたので、それを見てわたしが愛中勤務ということを知ったのだろう。たしかその時はスカートをはいていたはずだが、今はジーンズとセーターに着替えている。背が高くがっちりとした身体をしている。彼女は去年も愛中の院内学級で勤務していたという。

女性は二人いて、もうひとりの人が鹿島さんといった。

「中学生の英語と国語を主に見ます。三年目です。この春に結婚をして、まだ鹿島と呼ばれてもぴんときません」

留吉先生と柳川さんが笑った。鹿島さんは柳川さんと対照的に、ほっそりとした物静かな人のようだ。

「森丘です。四年目ですが年は二十九になります。愛中には希望して来たわけじゃないですが、給料分は働きます」

口が頬のまん中まで割れるこの顔も覚えがある。

「あ～あ、島流しだ、島流し。島流しにあったよお」

昼休み、ごった返す職員室で叫んでいた男だ。

「島流しなんかじゃないよ」

笑顔で言い返していたのが、いま思えば柳川さんだ。

「島流しだよ。アイナカなんてのは島流しなの。俺、なんか悪いことしたかなぁ」

森丘は、柳川さんの言葉を無視するように嘆いていた。

「悪いことをしたから愛中勤務、というわけじゃないからね」

留吉先生が笑って言った。昼休みの職員室で騒いでいたのを聞いていたのだろう。森丘は留吉先生を見ようとせず、笑顔もみせなかった。

担任するクラスは、留吉先生が小学三・四年生。柳川が希望の五・六年生、中学一年が森丘、中学二・三年生が鹿島、わたしは小学一・二年生と決まった。

明日、全員で愛中病院に行くことにし、とりあえず今日は解散しましょうということになった。たいしたことはしていないのに、長く感じた一日だった。


なんだかとてもくたびれたなぁ。そう思いながら玄関を出た。

「おーい、ごんちゃん」

うしろから呼び止める声がする。低く、そのくせよく通る声だ。ごんちゃんなんて呼ぶのはあいつしかいない。振り向くと、やっぱりヒゲの豹変ヤローだった。

「あんた、いそぐかい。よかったら、うどんでも食べながら一杯やらないか」

走ってきた奴は、わずかに息を切らせながら言った。

「飲めるんだろ?」

「ああ。けど、疲れたから長くは付き合えんよ」

うんざりしながら、これからのこともあるだろうからと思い、行くことにした。駅まではバスに乗った。駅前には確かにうどん屋があった。

うどんを食べビールを飲みながら、大東は喋り続けた。赴任したばかりだというのに、彼は実によく学校のことを知っていた。

運動場にバックネットやサッカーゴールがあるのは、喘息や肥満の生徒たちは運動制限がなく、むしろ積極的に身体を動かす必要がある。それで設置されているのだ、ということも教えてくれた。

不思議な奴だが、今のところはこいつが一番の知り合いなのかもしれない。それにまあ、初日にこうやってビールを飲める同僚が出来ただけでもよしとするか。そう思いつつ、大東のどこから仕入れた情報なのかわからない話を聞いていた。

# ハバケン珈琲

島村健二がハバケンと呼ばれていると教えてくれたのは、柳川文子先生だ。

大学時代ソフトボール部で投手をやっていたという彼女は、広い肩と太い手足を震わせて、わっはははと豪快に笑う。

文子という名前は似合わない――。中学生たちはそう言って、フミコのフミをブンと読み「ブンコ先生」と彼女のことを呼んでいた。ふざけて二本の人差し指で口の端を広げ、その名を呼ぶ生徒もいた。そうすると、とんでもない名前が発音されるのだ。呼ばれると文子先生は、生徒の首に太い腕を巻き付けて「なんだとぉ、もういっぺん言ってみろ」と凄む。紛れのない正統派体育会系女教師である。

彼女と主任の留吉先生は、昨年も愛中に勤務している。だが留さんは、こどもたちの様子をた

ずねても
「え～と、どうだっけなぁ……。まあ、みんなそれぞれにいい子だよ。うん」
のんびりと笑うだけなので、そうした質問にはブンコ先生が答えてくれるようになった。

健二は二年生になったばかりだというのに、付き添いの祖母に教えてもらう国語と算数の勉強は四年生の内容に突入している。授業は退屈のようで（そんなコト、もう知ってるんだけどなぁ……）というような顔をして生欠伸をする。豊富な知識と語彙を使って、相手を傷つけるような言葉を口にすることもあった。腎臓病のため小学校入学直前に入院し、闘病生活は一年を超えた（現在は、腎臓病でこれほど長期に入院することは稀である。しかし当時はさして珍しいことではなかった）。両親は離婚し父親が育てている。だが仕事が忙しいということで病院にはあまり来ず、同居する自分の母親に健二のことは任せきりにしている。

腎臓病には「安静」が大切であることを知ると、祖母は病院に泊まり込み健二の世話をした。着替えや洗面はもちろん、風呂場やトイレの個室にまで入り込み手を出す。車椅子を自費で購入し、医師が歩行を許可しても健二を歩かせようとしなかった。

安静にすればするほど、病気の回復は早い。そう信じ、祖母は、べったりと付きまとうようにして孫を守ろうとしていた。

そうした関わりは、少年期にふさわしい自立のちからを奪う。鋭い言葉を駆使して相手をやりこめる一方で、幼児並みの生活力。バランスを欠いた少年の周囲では、トラブルが頻繁に起きていた。

祖母が外出した僅かな隙に、ロッカーの鍵穴に紙粘土がねじ込まれ、シーツに水がまかれる。コップに便が入れられることもあった。糞をコップに入れることから、こどもたちは「ク・コップ」とそれを呼ぶ。中学生たちは冗談交じりに（ふざけんなよなぁ……ク・コップやられたいのかよォ）と笑いあうのだという。

事件が起きると、祖母は誰がやったのか尋ねてまわる。関係のない子にまで詰問口調になったり、見当違いの叱責をするため、こどもたちは祖母を嫌い健二はいっそう孤立を深めた。

ハバケンの「ハバ」は、この地方ではのけ者にするという意味を持つ。文字にすれば「ハバ・健」だ。

「健二君、ひとりぼっちなんです。おばあちゃんは悪くないし、あの子にだって責任はないと思います。病気が、二人をそんなふうにしてしまうんです」

こどもたちが帰ったあとの教室で、ブンコ先生は健二やその周辺のことを生徒の前で見せる威勢のいい口調とは違う、ちょっと沈んだ様子で話した。

愛中病院の裏門から続く坂道を、百五十メートルほど下ると神社がある。

四月の終わりに、そこへ写生会にでかけることになっていた。健二も主治医の勅使河原医師から参加許可がおりている。けれど祖母は神社に行くことに難色を示し、健二を教室に残してほしいと言ってきた。教室に残って絵を描くのは、重症の心臓病などで外出許可の出ない数人だけである。

看護婦さんもふたり付いて行くし、本人も行きたがっている。なんとか了解してもらえないだろうか。二度ほどそんな話をし、勅使河原先生からも説得してもらった。

祖母は車椅子に乗せて連れて行くことを条件に、しぶしぶというかんじで写生会への参加を認めた。

風もなく、陽なたにいると汗がにじむ、初夏のような陽射しの日になった。幅の広い石段を二十段ほど登ると、境内は太陽の光が木々の葉にさえぎられひっそりと静まり返っていた。

こどもたちはひとしきり騒いだあと、ようやく場所を決め写生の準備を始めた。

健二は、幹が途中でふたつに裂けている太い欅の下に腰をおろした。それから頭をカクンと背中の方に曲げ、首を伸ばして枝を覆った新葉のあいだに見え隠れする空を眺めた。そんな姿勢が長く保てるわけがなく、上半身が少しずつ後方にかしいでいく。

「見てみろ、あれ。引っくり返るぞ」

隣に座っていたブンコ先生に、健二のいる方向を顎でしゃくった。

「あららら……」

心配と笑いが入り交じったような声を彼女があげたとき、健二は背中から後ろにゴロンところがった。

「やだぁ、もう」

ブンコ先生は、今度はあきらかに笑いが勝った声を出し、わたしの背中を女の人にしては強すぎる力でドスッと叩いた。そして勢いよく立ち上がると健二のもとに大股で駆け寄り、服の背についた小石や木の葉の屑をパンパンと音をたてて払い落とした。

健二が空を指さし、ブンコ先生が見上げて（うんうん）とうなずいた。何を話しているのかは分からなかった。

二時間ほどたつと、あちこちで元気な話し声が聞こえるようになった。ぼちぼち絵を描くのに飽きてきたのだろう。

「ケンちゃ〜ん。影踏みやるからさあ、おいでよぉ」

声を掛けたのは理恵だ。いつのまにか、クラスのこどもたちが境内のまん中あたりに集まっている。彼女はクラスのリーダー格の子で、健二とはしょっちゅう激突する。だが健二を「ハバ」

にすることはなかった。遊ぶときは必ずこうして声をかける。

「行ってもいい?」

ずっとおなじ場所に座って筆を動かしていた健二が、近くのベンチに座っていたわたしの顔を下から覗き込んだ。

「いいよ、行っておいで。走らなければいいって勅使河原先生も言ってたから。看護婦さんたちもいるし、駄目なら途中でやめなさいって言われるから。遊んでおいで」

返事を聞き終えると同時に、健二は理恵たちに顔を向けた。

「うん、行く」

大きくこたえ、描きかけの絵を画板ごと乱暴に地面に放り出した。

「走っちゃ駄目だよ」

理恵が鋭い声をだす。

「うん、だいじょうぶ」

なにが大丈夫なのかはよくわからないが、健二は返事をした。

木陰だった境内の中央に、いつのまにかぽっかりと陽なたができている。そこを使って、歓声は大きく交わるがみんなが歩いて逃げるという、動きのゆっくりしたなんだかヘンテコな影踏みがはじまった。

こどもたちはずっと遊び続け、それからはもう絵を描くことはなかった。

帰り道、車椅子を押すわたしの横にブンコ先生が並び、健二の肩をとんとんとんと三回叩いた。

「ケンちゃん、楽しかった?」

健二は振り向くと、顔をあげて眩しそうにブンコ先生を見た。

「たのしかったねえ。ぼく、こんなに楽しかったこと、生まれて初めてだよ」

「そう、よかったねえ。また来ようね」

ブンコ先生は厚みのある掌で、健二の頭から頬のあたりを何度もなでた。

そうか、楽しかったか。そりゃよかった。写生もできたし、それにみんなで遊んだしな。おばあちゃんやお医者さんに頼んで、また来ような。

車椅子をぐいと力を入れて押すと、坂の上の方でかすかに陽炎が立ち上っているのが見えた。


写生会の日から十日ほどあと、健二の病状が急激に悪化した。

出張と五月の連休が重なり、ほぼ一週間ぶりにこどもたちの顔を見るという日の朝、集合場所の病棟ロビーで看護婦さんにそのことを知らされた。

写生会に出席したことが何か影響しているのでしょうか。尋ねたが、それはまったく関係ないということであった。

教室までこどもたちを送り、朝の会は自分たちでやるようにと伝え、本箱から絵本を一冊取り出して病棟に戻った。病室は大部屋から個室に移っている。看護婦詰所前のその部屋は、病状の悪化した子が入ることが多い。

病室の前で乱れた息を整えて、ゆっくりとノックをした。

「ハイ」

祖母の細い声がした。

ドアを開けると、健二はうつろな目をして天井を見ていた。腎臓病の子は、薬の副作用でムーンフェイスと呼ばれるほど顔がむくむ。その顔がさらに腫れているようだ。目の下が三日月形に黒ずんでいる。

祖母は顔を上げ、ちらりとこっちを見るとすぐに視線を健二に戻した。

「ケンちゃん……」

呼びかけると、かすかに顔を動かした。

「じごくのそうべえ、読んであげようか」

彼は、落語を原作にしたその絵本が大好きだ。だが大儀そうに息をするだけで、何もこたえない。出張に行くまえ、健二はたしかに元気だった。わずかの間でどうしてこんなふうになるのだ。

「これが腎臓の子です。元気そうに見えても、いつこうなるか分からんとです」

沈黙がつづき部屋を出たほうがいいのだろうか、そう思い始めた頃ようやく祖母が口をひらいた。

「この子は、一歩あるくと、その分だけいのちが縮まるとです」

窓を背にして座った彼女は、じっと健二の顔を見ながら言った。

「先生は、馬鹿なおばあちゃんだ、と思うとるでしょうけど」

「いえ、そんなことは」

「ええんです。自分でも、愚かなことをしちょると思うとりますから」

祖母の額には、深い皺が何本もくっきりと刻まれている。家庭調査票の備考欄に、健二は父親が四十歳を超えてから生まれた子であると書いてあった。父親がそんなことを書くとは思えない。調査票は祖母が書いたのだろう。するとこの人は、七十をいくつか超えたくらいの歳なのだろうか。

「この子が、皆から嫌われておることも知っとります」

祖母は、手に持っていたタオルで健二の首筋を丁寧にふいた。

「そんなふうにしよるんは私や、いうのも分かっております。けど、この子の命を守るためには、私が手や足にならんといけんのです」

自分の関わりが健二の自立を妨げ、こどもたちの中で孤立させているということをこの人は理解している。理解しながらも、今はそうやって健二を守るしかないと考えているのだろう。

「でも、私も、もう疲れました。どうせ死ぬなら、畳の上で死なせてやりたい」

祖母はタオルを丁寧にたたんで枕元に置くと、胸まで掛けられている毛布の上に皺の多い痩せた手を乗せた。

私かこの子か、どっちが先に死ぬんですかねぇ……なんて、おばあちゃんはケンちゃんの前で平気で言うんですよ。あれは、どういう感覚なんでしょう。ケンちゃんは言葉の意味、ちゃんと分かってるのに。ブンコ先生が、そう言ったことを思い出した。

「健ちゃん、もう家に帰ろうなあ」

祖母が、健二の腫れた顔を見つめて言った。

「家に帰ろうなあ」

同じことばを繰り返し、皺の手が毛布の上をなんども行き来した。

健二は白い天井を黙って眺め、こたえることはなかった。絵本を持ったまま、わたしはのっそりと突っ立ち、ときおり乱れる健二の呼吸の音だけが病室に響いた。


留さんは二十年近くこの学校で過ごしている。子どものころ自分も長い入院をしたという彼は、そのときの病気がもとで足が少し不自由になった。右の膝を大きく外に向けてゆっくりと歩く。何かできることがあるだろうか。考えたが、容易に答えが見つかるわけもない。留さんなら何かヒントをくれるかもしれないと、目下の疑問を話した。

「そうだなあ、何ができるんだろうなぁ。改めて言われるとなあ……」

喧騒の消えた午後の教室で留さんは唸りつつ、お茶を入れるために立ち上がった。俺がやりますからと言うと、いいからいいからと手で制し、のんびりとした動作でお茶を入れた。

「ホイ、入ったよ」

留さんは太く短い指で湯呑みを摘むようにして差し出し、それから自分も飲んだ。

「う〜む。そういうことは、どうなんだろうねえ。まあ、ごんちゃんが思うとおりにすればいいんだよ」

その（思うとおり）が分からないから困っているんじゃないですか。そうおもったが、口には出せなかった。

留さんはズズズ、ズズーと音をたててお茶をすすり、ぼちぼちごんちゃんの歓迎会をやらないといけないなあ、とまったく関係のないことをつぶやいた。

ブンコ先生は、もっとあっさりしたもので

「そんなこと、分かってればとっくにやってます」

なんだか怒ったような顔をして、こっちをにらんだ。そりゃまあ、そうだよな……。

院内学級の教師は、交替で一週間に半日だけ本校に行く。その半日で一週間分の授業に必要な印刷やコピーを済ませ、図書室の本を借り、理科室に行き実験道具をそろえる。転出入者の要録記入を済ませたら、壊れた掃除道具の替わりを調達する。頼まれた色画用紙とマーカーと方眼紙をリュックに詰め、それから事務室にも顔を出さねばならない。本校勤務の半日は、なかなかと忙しい。

職員会議の日に知り合った豹変の素浪人大東は、本校で高校生の担任をしている。金曜の午後はわたしが本校に行くので、その日はなんとなく二人でビールを飲む日となっていた。

校内をどたどたと歩き回り、いささか疲れた足取りでいつもの居酒屋にたどり着いた。大東はすでに自分だけビールジョッキをあけている。

「あのなあ、ごんちゃん。教育実践とは、生徒のありようをみて意図的に働き掛けることをいうんだ。分かるか」

健二と祖母の話をすると、素浪人は意外にも知性の感じられる話をした。

「いや、ようわからん」

「つまりだな。たとえばクラスで文化祭に取り組むとするだろ。で、いろいろやるとするわな」

「合唱とか劇と展示とか、か」

「そうそう、そういうやつだ。時間とエネルギーをかけてやると、それなりにいい場面があって、なんとなく充実感があるだろう。俺は教師だ、みたいな」

「うん」

「けどな、あれは教育実践とは言わんのだ」

「なんでだよ」

首をひねると、大東は大きな身体を前後に揺すりながらふっふっふっと笑った。

「あれはな、そこに文化祭という決められた枠があるからやってるだけだ」

「ん？　どういうことだよ」

「本当の教育実践というのはな、生徒の現状をみて演劇や合唱がこいつらには必要だ、そう教師が思って実行に移したときにだけ使える言葉なんだ。分かるだろう」

「いや、あんまり」

正直にこたえると、大東は髭面のなかに呆れたなというような表情を浮かべた。

「つまりだ。生徒の現状把握をしたうえで、教師が何かを意図的に働き掛けようとすることが教育の本質なんだ。決められているものを、なぞるようにやるだけじゃ教育実践などとは言えん。

分かるよな」

そんなに矢継ぎ早に、分かるよなと迫られても困る。返事をしないで、ビールジョッキを空けてお代わりを頼んだ。

「要するにだ。同じように文化祭をやったとしても、大きな教育的意義が得られるのは、それを始めた奴らなんだ。惰性になれば意義は次第に薄れていく、ということだ」

う〜む。難しいが、そこんところだけはちょっとは俺にもわかるぞ。

学校というところは「例年通り行います」というのが、最も無難な選択だ。スジや手続きの正当性を問うようなふりをした不平不満も、教育論に名を借りた非難もあまり起きない。逆に新しいことを始めようとすると苦情や批判が殺到する、というのはよくあることだ。

そうした学校独特の雰囲気のなかで、何もしなかったり無批判に同じことを重ねることを大東は「惰性」と言っているのだろう。

「明治以来、文明は確かに発達した。医学も考古学も建築も、機械だって化学だってみんなそれぞれに進歩した。けどなあ、教育はどうだ。前に進んでいると言い切れるか」

そんなことを問われても、明治の教育がどのようなものであったのかよく知らないもんなあ。

「答えられないだろ。教育の世界だけが、前例踏襲を続けて新しいものを何も生み出していないんだよ。次の世代に財産を引き継ぐことをしていないんだ。だから他の科学のように進歩することなく、とり残される。教育が変わろうとしたのは、明治の学制発布の時と、昭和二十年からのわずか数年間だけだ」

「そ、そうか」

「ああ。しかも、その二回とも、わずか数年で改革はぶっつぶれる。そんなんでなあ、この国の未来はあると思うのかあ」

彼は次第に激昂してきて、難しい話を過激に喋りだした。

「う〜む。この国の未来まではよくわからんが、つまり俺に惰性でない何か新しいことをやれってことか」

「おう、そうそう、まさしくそうだよ。なんかやらなきゃ駄目だ」

「なんか、かあ……」

「そうだよ。ナンカだよ、なんか」

「ナンカ、ねえ……」

それから何杯か生ビールのお代わりを頼んだ。

「そいれなあ、なんかといえば演劇だよ。演劇やれよろぉう」

素浪人は酔いが回ってきたようで、呂律がまわらず語尾がもつれた。もつれつつ彼は、そのあともこの国の教育について難しい話をした。

フンフンと言いながらその話を聞き流し、音の消されたテレビに映る野球中継を見ながら（できるかなあ……）とぼんやり考えた。

祖母が健二を本当に家に連れて帰ってしまうのではないかと心配していたが、半月ほど休むと健二は授業に出てくるようになった。車椅子に乗って登校してきたが、今度は勅使河原医師の指示であった。

劇や合唱などを内容とした「文化祭」ができないだろうか——。大東の話を全面的に信じたわけではないけれど、考えた末に同僚たちに相談をした。

学校というところは、四月の段階で年間の行事予定の大半は決まっている。愛中にも五人の担任と決められた曜日にやってくる三名の教科巡回教師、そして三十名ほどのこどもたちがいる。山間の分校程度の大きさはある。そんな中で学期の途中に新しい行事を入れ込むなどというのは、「学校の常識」からすればかなり非常識なことだ。

森丘が反対した。本当にそんなことが必要なのか。授業時間は限られており、劇の練習をする時間などない。もっともな意見である。提案しているこっちも、確信があってやろうと言っているわけではないのだ。

ブンコ先生が賛成し、鹿島さんは明確な態度を示さなかった。留さんは賛成のようであったが、森丘の気持ちを考慮してか意見を言わなかった。巡回してくる三人の先生たちは、五人の担任が決めてくれればいい、というかんじであった。

話し合いはゴツゴツとあちこちにぶつかり、結論はなかなか出なかった。

やがてブンコ先生が強引なことをした。小児病棟の医師に、話を持ち込んだのだ。

前年度、五人の男子が病院から無断で外出する騒ぎがあった（彼らはそれを「脱出」と呼んでいた）。行き先がつかめず、警察にまで連絡をする事件となった。病棟と学校で一日中顔を突き合わせているこどもたちの関係は、健二の周囲に限らずあちこちでぎくしゃくとしたものがある。

そうした状況を、変えることができるかもしれません——。ブンコ先生は大胆にも、医師たちにそのようなことを語ったらしい。

安静時間などを守ることを条件にして、（精神的な安定をもたらすかもしれない。是非やってみてほしい）病棟側はそうした意向を留さんに伝えてきた。医師からの要請であり、森丘は憮然としながらも同意した。

小学生はクラスごとに劇をやり、中学生は全員で影絵劇に取り組む。音楽の授業を使って合唱と合奏の練習をし、当日披露することも決まった。日時は一学期の終業式前日。

授業だけでは準備時間が足りず、夕方や夜の自由時間に病室やプレールームで練習が行われた。

「先生、昨日ケンちゃんね。椅子の上に立って、大きな声出して、ちっとも真面目にやってくれなかったんだよ」

理恵が病棟での練習の様子を翌朝報告してくれる。健二は、普段なら数倍の言葉を使って言い返すところだ。

「そっかあ。きっと、ケンちゃん。みんなと劇の練習をやるのが楽しくて仕方ないんだよ」

理恵は不服そうに口をつぐみ、健二は照れくさそうに笑った。

わたしは同時期に自由参加の新聞部を創部して、顧問になった。部員は中学生と五六年生が大半だが、低学年から健二と理恵が入部した。授業後も教室にこどもたちがたむろし、ばたばたと忙しい日が続く。


雨の多い年で、その日も中空に留まるような煙雨が無音のまま地表を濡らしていた。

六時半になると、新聞部のこどもたちが教室に来る。その前に夕食を済ませておこうと一階の食堂に降りた。食事をしながらガラス窓の外に目をやると、連日の雨で淡い色から濃い青紫に色合いを変えた紫陽花が見える。葉の裏に、動くことを忘れたような蝸牛が一匹とまっている。眺めていると肩を叩かれた。

「夕食ですか」

振り向くと、みどり色の大きな布製の鞄を持った祖母が立っている。

「あっ、はい。ちょっと遅くなりそうなので」

「健二も新聞の最後の仕上げやゆうて、何やら絵を描いてましたわ」

祖母は向かい側の椅子を引いて座ると、鞄の中から下敷きを二枚重ね合わせたような透明なプラスチックの書類入れのようなものを取り出した。

「ほら、先生。買うたんですよ」

彼女がつまんだ書類入れの中には、定期券が斜めになって挟まっている。端の方に黒いマジックで名前と住所が書いてある。

「健二は、毎日楽しそうで、忙しそうで……。私も家に帰ることが増えました。定期券を買うた方が安い思うて」

祖母は、紐で鞄に結ばれた巨大な定期券入れをヒラヒラさせた。

「それなら、落とさないですね」

精一杯平静さを装ったが、自分の顔がぎこちなく引きつるのがわかる。

文化祭の準備があるのに新聞部にまで健二を引っ張り込んだのは、彼が祖母と離れて過ごす時間をなるべく多くしたいと考えたからだ。活動の中に身を置くことで、健二はいろんな矛盾や対立に出くわすだろう。自分だけのちからでそれに立ち向かってくれたらいい。そう願っていた。

留さんやブンコ先生は、夕方病棟で自分のクラスの劇練習が始まると顔を出していた。だがわたしはその時間になると、祖母のところでおしゃべりをして過ごした。彼女の心配や不安が少しでもやわらげば、と思ったからだ。勅使河原医師からも、そのような活動で病状が悪化することはないという話をしてもらった。

やがて祖母は、健二がひとりになることを少しずつ受け入れていったように見えた。最近は新聞部の活動日が増え、中学生の影絵劇の練習にも顔を出したり、その合間に職員劇の練習もあったりと忙しく、祖母のところに行く回数が減っている。ときどき家に帰っていることは気付いていたが、定期券を買うほど頻繁に家に戻っているとは知らないことである。記された日付から見ると、購入したのは十日ほど前のようだ。

祖母は表情を変えずに、定期入れは大きいとどこにあるかすぐに分かるし他の物も入るから便利なのですよ、というようなことを言った。

自分は、この人の悲しみや苦悩を本当に理解しているのだろうか。気持ちを深く考えることもせず、二人を無理やり引き離そうとしているだけではないのか。この人は強引な手口に負けて、仕方なく孫と少し距離を置こうとしているのかもしれない。ずかずかと病室を訪れ、俺は教育者面《づら》をして何事か偉そうに述べてしまったのだろうか……。

あれこれと考えたが、それはすぐにわかることではなく、自分の顔がどんどん歪んでいく。

「じゃ、こどもたちが待っていますから。失礼します」

引きつった顔をして座っていることが苦しくなり、空になった食器を持って席を立った。

「いつもご苦労さまです。せんせも大変ですねぇ」

祖母は両手を膝の上で揃え、わずかに頭をさげた。

あなたは、本当にそう思っているのですか。他人である教師なんかに病気の孫に寄せる思いや、必死に守ってきたとしつきが理解できるはずがない。心のうちでは、そう思っているのではないですか。

聞いてみたい衝動にかられたが、そんなことを言えるはずもなく、黙って頭を下げた。

窓下の紫陽花に目をやると、蝸牛はいつのまにか姿を消していた。霧のような雨は、辺りの音を消して漂うようにゆっくりと降っている。


院内学級新聞『つばさ』で宣伝したりポスターを作って知らせた成果なのか、文化祭の会場となった病院会議室は身動きができないほどの人で溢れた。父母や医師、看護婦そして入院している幼児や、その母親たちが見にきてくれている。

十日ほど前に退院し中学校に戻った中二の敏之も、この日は学校を休んで参加していた。彼も健二と折り合いの悪かったひとりだ。

ハバケンのロッカーの鍵穴に粘土を詰めたのは俺なんだ。けど『ク・コップ』は俺じゃないよ。

敏之は退院する数日前、教室に来て健二の周辺で起きた事件について知っていることを教えてくれた。

「あいつ、このごろ少しはマシになってきたから。先生もあんまり心配せん方がいいよ」

その夜、敏之はそう言って教室から小児病棟へ戻った。

健二と不仲の男子たちも多く新聞部員になったが、激しい衝突はなくなっていた。健二は「ハバケン」と呼ばれることも減り、次第に名前で呼ばれるようになっている。

クラスごとの劇と中学生の影絵劇、それに合唱と合奏が終わった。最後は、教員の劇『どろぼう学校』だ。

教師たちが、それぞれの個性に合わせ、まぬけな泥棒を演ずる。衣裳を着て出てくると、こどもたちは息ができなくなるのではないかと心配になるほど腹をかかえ指をさして笑った。

留さんの簡単な挨拶で文化祭が終わると、父母も加わってクラスごとに輪ができた。

「ケンちゃんさあ、緊張してちっともセリフ言わないんだもん。言うかなと思ったら、ゴクッって唾を飲み込む音が聞こえてさあ。もう笑いそうになっちゃった」

理恵が健二の演技のことに触れると、こどもたちと母親そして祖母までもが爆笑した。健二は、聞き取れない声で何かを言ってうなだれた。いつもとあまりに違うその態度に、理恵が驚き（しまったな）というような顔を向けた。

ケンちゃんも、たまにはうつむくことがあった方がいいんだよ。理恵に大丈夫だよと目で応え、健二を無視して話題をかえた。祖母は楽しそうにずっと笑っていた。

ようやく各クラスの輪が崩れた。こどもたちがばらばらと病棟に帰りだした時、敏之がぬっというかんじで顔を斜め後ろから突き出した。

「先生、俺、帰るわ」

「おお、そうか。ご苦労さんだったな」

敏之はこくりと首を振った。それから健二の肩をポンと叩いた。

「劇、上手だったぞ。それからな、新聞部やめずに頑張るんだぞ」

はにかむような顔を見せ、健二は「うん頑張る」とこたえた。

最後まで居残ったブンコ先生のクラスの母親たちもようやく帰った。我々は教室に戻る力も残っておらず、職員劇の衣裳を着たまま本校から持ってきて敷いた薄い絨毯の上にだらしなく寝転がった。

ブンコ先生が大の字になり、おわったぁと叫んだ。泥棒の親分を裸足で演じた彼女の足の裏は、見事に真っ黒になっている。

「木戸婦長さんがな（最後に、いいものを見せてもらいました）って言ってくれたよ」

留さんが言った。さすがに彼だけは寝転がることはしない。足を伸ばして、後ろ手をついて座っている。

「そうですか……」

木戸婦長は、七月の末に定年退職をする。患者には優しいのだが、若い医師など簡単に叱り飛ばす豪腕強面《こわもて》婦長だ。

「なんか、ちょっと涙ぐんでたかもしれん」

めったに笑顔を見せない木戸婦長も、留さんとは気が合う。二人が病棟ロビーで話していると き、婦長が声をたてて笑った現場を目撃したブンコ先生が
「大ニュース、大ニュース。婦長さんが笑ってた！」

叫びながら教室に駆け込んで来たことがある。普通なら（バーカ、それがどうした）と軽くあしらわれるのだが、愛中院内学級ではそうはならない。

「ナニ！　よし、詳しく報告してみろ」

わたしが言うと、森丘が
「まだ、笑ってるかもな。見に行こうぜ」

と続ける。そして五人の教師のなかでは最も知性と理性があると思われている鹿島さんまで、我々の後にくっついて婦長と留さんの立ち話を偵察に行くのだ。

木戸婦長は、笑い声はたてていなかったが、楽しげに留さんと言葉を交わしていた。小児病棟の看護婦さんたちは、留さんにしょっちゅう病棟に来て欲しいと願っているに違いない。

それにしても、今日は涙ぐむような場面があったっけ。わはわは、どはどはといった笑い声はたくさんあったけど、涙の感動場面なんてのはなかったけどなあ……。

寝転んだまま、しばらく考えこんだ。けど、まあいいか。

「女の人を泣かせるとは、留さんも、なかなかやりますねぇ」

腕枕をして、留さんの顔を見上げて言った。

「あのなあ……、ごんちゃん」

留さんは苦笑いをしつつ、こっちをみて睨んだ。

「はぁい」

留さんが次の言葉を探して何か言おうとしたとき、くたびれた格好で寝そべっていたブンコ先生が首だけを上げて声をだした。ドアがノックされたようである。

彼女は立ち上がり、ドアの前に行きそこでもういちど、はいと言った。訪れたのは祖母だった。

「あの、先生。これ」

祖母は包装紙に包んだ箱を差し出した。

「何ですかあ、ソレは」

ブンコ先生が、間延びした高い声をあげた。

「珈琲です。先生らが毎日遅くまで教室にいて、飲んどるの見とったので、買うてきたんです」

教室に行ったが先生たちはまだ戻ってきてなくて、自分は今から家に帰るのでここまで持ってきたのだ、と彼女は続けた。

「うわぁ、うれしいです。みんな大好きなんですよ」

ブンコ先生は、遠慮するという素振りをまったく見せずに珈琲を受け取った。オイオイ、保護者からのそういう贈り物はもらっちゃ駄目という通達が、教育委員会から出てるだろう。

祖母はちょっとのあいだ黙り込み、二人はその場で棒立ちのような格好になった。ブンコ先生が（アレレッ、どうしたらいいんでしょう）というような困ったような表情でこちらを見た。留さんとわたしが立ち上がり、祖母のところに行った。

「せんせ、なんといえばいいんか。うまく言えんのですけど。健二は部屋に帰ってからも、劇のことやらずっと話しとって、楽しい、たのしい言うて……。夏休みが来るのがいやだ言うとります」

祖母は深々と頭を下げながら、ありがとうございましたと言った。

「いえ、そんな……」

わたしがぴょこんと頭を下げると祖母がまたお辞儀を返すので、しばらくシーソーのように頭の下げ合いをすることになった。

家に帰るという祖母を、ブンコ先生がドアの外に出て見送った。

「ありがとうございましたぁ」

彼女は、祖母の背中にぶつけるように大声をだした。

「やったぁ！　珈琲ゲットぉ」

それから振り向くと、珈琲の箱を両手で高く掲げて叫んだ。

「よおし、よくやった。誉めてやる」

留さんが真面目な顔をして言った。皆が声をたててわらった。

祖母の付き添いは次第に減り、やがて病室に泊まることもなくなった。そして翌年の春、健二は緩解し退院していった。

祖母のほんとうの気持ちは今もわからない。ただ、病気で入院する子や孫を持つ人たちに、声高に教育や子育てを語るような教師にはなるまい。あのとき以来、わたしの教師としてのねっこのような所にそうした思いはずっとある。

祖母と食堂で話した日に見た紫陽花の美しさが忘れられず、翌年、我が家の狭い庭にも紫陽花を植えた。だがうちの紫陽花は鮮やかな色は見せずに、毎年くすんだ花期を終える。

# 真夏のソフトボール

中学三年生が院内学級に入ってくると、高校受験が大きな問題になる。高校入学の春に病気が回復する見込みがあればいいが、そうでないとき、本人や両親の苦悩は大きい。心臓病で入院をした瀬戸川君は、中学三年の受験期を院内学級で過ごした。

「ごんちゃん、瀬戸川君がね、ちょっと来てって言ってるよ」

午後の授業が終わり教室で留さんと雑談をしていると、教室の出入り口の方からふんわりとした声がする。いつのまに来たのかドアの前に六年生の真ちゃんが立っている。彼はわたしのクラスの子だ。再生不良性貧血の治療をするため、半年ほど入院生活が続いている。

瀬戸川君と真ちゃんは、同じ病室で隣同士にベッドを並べている。年は離れているが気が合うようで、何がそんなに楽しいのだろうというような二人の笑い声が、部屋の外まで聞こえてくることがよくあった。こちらまで楽しい気分にさせられる、優しく柔らかな声だった。

心臓病の瀬戸川君は車椅子に乗っている。押すのは、いつも真ちゃんだ。看護婦や教員が（交替しようか）と言っても、彼は決してその位置を譲らない。

「用事が済んでからで、いいって、さ」

真ちゃんは机の上に広げられたノートを覗きこんだ。提出した自分のノートが開いてあったのだ。

「分かった。すぐ行くから、そう言っといて」

「じゃ、待ってるよぉ〜」

まだ丸付けが終わってないことを確認すると、彼は（そうかそうか）というように顔を小刻みに前後に振り、カクカクと硬いうごきで回れ右をした。そしてこぶしを軽くにぎり、腕を不自然なほど大きく前後させ行進をするような格好で部屋を出ていった。まったく、いつも不思議な動きをする子だ。

瀬戸川君が呼んだ用件は分かっている。きょうは彼の病状について、主治医の堂上先生から本人と母親に話があった。四時からという約束の面談は、堂上先生の都合で二時間ほど遅れて始まった。終わったら教えてくれと伝えてあったので、真ちゃんが代わりに呼びに来てくれたのだ。

瀬戸川君は、すでに私立高校の受験はあきらめている。重い心臓病を患う生徒を受け入れる私学は、残念ながら当時の愛知県にはなかった。残された道は、来年の三月に行われる公立高校を受験するか、それとも病弱養護学校の高等部に進むかのどちらかしかない。

真ちゃんの後を追うようにして病室を訪れると、六人部屋のいちばん奥のベッドで瀬戸川君は胡坐をかいて窓の外を眺めていた。入院してからほとんど外に出ていない彼の顔は青く白い。

「先生、ここ、座りぁ」

真ちゃんが立ち上がり、腰掛けていた古びた折り畳み椅子を空けてくれた。

「あっ、うん、アリガト。けど座りにくいんだよなあ、この椅子。ずっと座っとると、尻がずりずりと前の方に出てくるんだぞ」

瀬戸川君が振り向いて口の端でわらった。

「おわったか」

気になっていたことを尋ねた。

「うん。さっきね、終わった」

「お母さんはどうした。帰ったのか」

「店を開けなきゃいけないから、今日は帰るって。また会いにくるから先生に謝っといて、って言ってた」

瀬戸川君の母親はふぐ料理店を経営している。堂上医師との面談が終わったら、わたしとも話をする予定だったが二時間も遅れたので時間がなくなったのだろう。

「そうか。十二月で掻き入れ時だもんな。先生はいつでもいいからな。それで、堂上先生はなんて言ってた」

「うん。それがさあ、やっぱり来年の三月に退院するのは無理みたい。公立高校は受験しても無駄になるって」

つらい宣告であったろうに、彼はあっさりと言った。

「そうか……。そう言われたか」

「うん。おもいっきりね。言われちゃったよ」

入院した五月、瀬戸川君は歩いて院内学級に通ってきた。それが二学期になると車椅子登校にかわり、最近は酸素ボンベを持たされ授業を受けるようになっている。病状は、素人目にも良くなっているとは思えない。

公立高校に通うことは難しいかもしれないなあ、留さんはそう言っていた。それは、わたしも薄々思っていたことだった。

「それとさ、病院を移ることも駄目だって。今の状態だと転院は許可できない、って」

「なにっ！　病院を移るのも無理って言われたのか」

声がうわずり大きくなったので、面会に来ていた母親たちが驚いてこっちを見た。それまでざわついていた六人部屋が静まりかえった。

「すまん」

声をおとして謝った。

「堂上先生が向こうの病院の先生と相談して、やっぱりこっちで、堂上先生に診てもらった方がいいってことになったみたい。俺の病気は、なんか、やっかいらしい」

病室を見渡し皆の目が注がれなくなったのを確認してから、瀬戸川君は言った。

院内学級は中学三年生までしか在籍できない。病気治療が続く高校生は、本校にある高等部にすすむ。高等部に進学するには、本校と廊下でつながる県立病院に入院するか、自宅から通うことが前提になる。瀬戸川君の場合は、愛中病院から転院しなければならない。

そうした事情を聞いた堂上医師は、県立病院の医師と転院が可能かどうか相談をした。その結果が、さっきの三者面談で伝えられたということなのだ。

これで彼は公立高校へ進学することも、病弱養護学校の高等部に入ることもできなくなった。

「ツリー、まだだね。いつ飾るんだろう」

瀬戸川君は、窓の外に見える広い中庭に視線を移した。

中庭の一角に、モッコクやナナカマドそれにモミの若木が植えてある。どの木もまだ二階の窓には届かない。

それらの木々には、十二月の半ばになると医師たちの手で数本の長い電飾が灯される。派手なものではなく、木の周囲にぐるりと引っ掛けただけの慎ましいものだ。だが小児病棟のこどもたちには、それは大切なクリスマスツリーになる。

きょうはまだ電飾は巻かれておらず、木々は冬の強い風に軋んでいる。

「院内学級には高校部ないし、普通の高校も無理で、本校の高校部にも行けなくなったわけで、つまりボクは、どこにも行くところがないということで……」

北海道富良野を舞台にした有名なテレビ番組『北の国から』の主人公の口調を真似て、彼は少しおどけた顔をこちらに向けた。父親と二人の兄妹の姿を描いたその番組を、ビデオで何本か一緒に見ている。「高等部」というのが正しい呼び名だが、彼はつづけて「高校部」と言った。

「もう、いっかいさあ……」

瀬戸川君はそう言って口ごもった。

「もういちど、なんだ」

「もう一回、中学三年をやるってことはできんのかなあ。院内学級を卒業するのやめてさ。来年、また中三をやれんのかな。そしたら、英ちゃんや美江たちと一緒に勉強できるしさ」

英介と美江は、一学年下の生徒たちだ。

「院内学級でちゃんと出席してるし、それはできん」

前方に滑り出した尻を後ろにずらし上げながら、わたしは素っ気なく答えた。

「そうかあ、そうだよね。中学を留年するなんて、聞いたことないもんね」

窓の外から目を戻すと、瀬戸川君はすこしわらった。だが十五歳の少年が、病気のために高校進学ができないと感じたとき、ほかにどんな結論が思い浮かぶだろう。

「なんでさぁ、病気だと高校に行けんのだろう。やる気はあるんだから、行かせてくれたっていいじゃんね」

「……………」

「病気なのに高校行きたい、って思うのは、わがままなのかなぁ、先生」

「いや、そんなことはないさ。もう少しな、先生たちも考えるから。ちょっと待っててくれんか」

瀬戸川君は顎を前方に突き出し、後頭部を僅かにうしろに傾けてこくんと頷いた。しかし考えればどうにかなるのだろうか。ひょっとしたら、彼はもう行き場がないのじゃないだろうか。

それから将棋を一局指して、病室を出た。

「真ちゃん、何やっとるのお」

ドアを閉めて歩きだすと、瀬戸川君が大きな声を出した。すこし遅れてふたりの「あっははは」という、いつもの陽気な声が聞こえた。

瀬戸川君の進路について関わるようになったのには理由があった。中学三年担任の鹿島さんが、新年度になってすぐ体調を崩し休職をした。彼女の代替で来た吉岡さんは、その年大学を卒業したばかりである。不慣れな院内学級勤務で、教員採用試験を受ける準備もある。進路指導についてまでやるのは難しいだろう。留さんと相談して進路については、留さんとわたしが担当することになったのだ。

翌日、留さんと吉岡さんそれにブンコ先生に瀬戸川君から聞いたことを話した。転院をして高等部へ進学することはできるだろう、漠然とそう思っていたので全員が言葉を失った。

「じゃあ卒業したら、私たちで勉強見るとかは？　みんなの得意な教科をそれぞれ教えれば、なんとかなるんじゃない。それで、つぎの年に高校を受験させるの」

沈黙に耐えかねてか、ブンコ先生が口をひらいた。

「あのなぁ、おまえなあ。そういう問題じゃないんだ」

笑顔を見せてそんなことを言うので、苛立つ気分を押さえ切れずにきつい口調になった。

「じゃあ、どういう問題なんですか」

ブンコ先生が、むっとしてこっちに顔を向けた。

「いいか、瀬戸川はな。仲間と笑いあったり、おしゃべりしたり、ときどきは喧嘩もする。そんな普通の高校生活を送りたいんだ。べつに勉強だけやりたい、と思ってるわけじゃない」

「そんなことは、分かってます」

「いや、わかってないね。ブンコの言うのは行き場がまったくない時のことだろ。そうなれば、それくらいやるさ。けどな、今はそうさせない手がないかってことを考えてるんだ」

「……」

「お前さあ、そんなことも分からんのか」

話しているうちに無性に腹がたってきて、持っていくところのない怒りをぶつけるように激しいことばを吐いた。

「ごんちゃんは、すぐそうやって決めつけるんだから」

ブンコ先生が、小さく弱々しい声で言い返す。

「ほんとのことだろう。それに、来年どこにも行かずに俺たちが勉強をみたとしてもだな。再来年、病状が良くなってるとは限らんだろうが」

だれも触れないでいたことを言葉にしたため、ブンコ先生はうつむいて黙りこんだ。

「せめて院内学級に高等部があればなあ……」

留さんがボソリと言った。

学ぶ意欲も能力もある少年が、病気であることが理由で高校教育を受けられない。病気の自分が高校に行くことは贅沢なのかと問い、(もういちど中三をやりたい)と言わせてしまう。そうした現実がこの国にはまだある。

出口が見えず混迷する教師たちの話し合いとは対照的に、瀬戸川君は不安を顔には出さず体調のよい時は病室で参考書を広げた。

模試の判定は、地区の難関校を十分にクリアできる成績が続いていた。


水曜日の午後は、小一から中三までの全員が参加する「集会」の時間になっている。

集会は、教科の学習からすこし離れて時間を過ごす。ソーラン節の踊りをプロの人から教えてもらったり、農家のおじいさんを招いて農作業の一年について話を聞いたりする。和紙作りをしたり、ビデオ映画の上映会やゲーム大会も行われる。内容は教員が提案することもあれば、こどもたちの要望で決まることもあった。

瀬戸川君はその集会の後期議長になった。選ばれたからといっても無理することはない。受験もあるし体調も考えないといけない。辞退してもいいんだぞ。そう言うと、

「大丈夫だよ。議長やるのを楽しみにしてた、っていうのは言い過ぎだけど。けど結構そんなトコもあるし、たいして時間をとられるわけじゃないから心配しなくていいよ」

先生は心配しすぎだよ、彼は笑って付け加えた。

冬休みの前から、集会では連凧と熱気球を作っていた。（何かみんなで大きなものを作ってみよう）瀬戸川君がそう提案して始まったのだ。

年を越えて完成し、先週中庭でふたつを揚げた。

連凧は風を受けて高く舞ったが、気球の方は苦戦した。教室では気付かなかったが、数箇所穴があいていたのだ。補修をしてから、再び携帯コンロで気球内の空気を暖めた。ガスボンベがあと少しで無くなるというとき、気球が地面からほんの少しフワッと浮いた。高さ二・五メートル直径二メートルほどの、ひしゃげた茶筒のような不恰好な黒い気球が浮き上がった瞬間、こどもたちはウォーと大声をあげた。

周囲に集まってきた入院患者たちが「おおっ」と言いつつ、拍手をしてくれた。

瀬戸川君は車椅子に座ったまま「ヨッシャー！」と声を出し、両拳を肩の前で握った。

楽しくて賑やかだが少々くたびれる集会が続いた。（しばらくゆっくりしよう）瀬戸川君や副議長の美江、書記の英介とそう話していた。

ゆっくりするはずのその日、集会が騒がしくなった。

（みんなが困っていることを話してみないか）瀬戸川君がそのようなことを言ったからだ。

小学生から意見が続いた。いや意見といえるのかどうか。

「退院したいから、早く病気を治すようにお医者さんに言って下さい」

真面目に訴える子がいる。

「飲む薬が多いから、減らしてほしいです」

「病院のごはんがまずい。おいしくしてほしい」

自由に不平不満を述べてもいいのだという雰囲気になり、入院生活に対する不満が爆発した。

この調子だと、予定していた先週の様子を映したビデオを見る時間がなくなってしまいそうである。

「どうしよう、先生」

予想外の展開に瀬戸川君は困惑し、議長団の脇に座っているわたしの方を向き困った顔をした。

「う〜ん。どうするかなあ。まあ、瀬戸川が言ったことだからなあ。自分でなんとかしろ」

「ひどいなぁ先生、チョットは考えてよ」

彼は文句をいったが、美江と言葉を交わして、とりあえずみんなでありったけの不満をぶちまけてみよう、という方向に議論を持っていった。

表現は幼い。だがこどもたちの言葉は（なぜ自分が病気なのか）（どうしてここにいなければならないのだ）という不条理への問いかけなのだ。そんな難しい問いに答えられるわけがない。だから「ひどい」と言われても、黙ってその様子を眺めているしかないのだ。

小学生の発言を冷ややかに聞いていた中学生も、「病院をつぶせぇ」などと野次を飛ばすようになった。

不平や不満を言うこどもたちは、なんだかとても愉しそうだ。

やがて意見は、こどもたちがもっとも改善を願っていたことに集中しはじめる。

小児病棟は入口を入って右が小児A棟、左が小児B棟と分かれている。A棟には腎臓病や喘息や肥満、B棟は心臓病や小児癌のこどもたちが入ると大まかに決められている。

そのAB病棟間は、自由な行き来が禁止されていた。病棟が違うと、学校以外では仲の良い友達とも自由に話せない。そのため授業が終わっても、教室から帰ろうとしないこどもたちが何人もいた。こどもたちにとっては厳しくつらいルールだ。

瀬戸川君は論議をそれに絞り、ほぼ全員から意見を引き出した。意見の大半は、病棟間の行き来を自由にしてほしい、というものであった。

この問題は、病棟側に変更の要請をしたことがある。だが規則が変わることはなかった。

「以前に物やお金がなくなることがあった。その時作った規則で変更することはできない」

というのが理由であった。

う〜む、困ったことになったぞ。そう思いつつ、瀬戸川君がリードする話し合いを黙って聞いていた。

翌日の木曜日、授業後に議長団の三人が教室に来た。前日の集会を終えて、来週の集会をどう運営するか検討するのだ。真ちゃんが瀬戸川君の車椅子を押している。いつもなら一度病棟へ帰るのだが、この日は教室に居座った。

「オブバザー参加って言うんだよ」

真面目な顔をしている。きっと彼なりの参加許可証の提示なのだろう。

「違うよ真ちゃん。オブバザーじゃなくて、オブザーバー参加」

離れて窓際の椅子に座った真ちゃんに、瀬戸川君が声をかけた。美江と英介が笑った。真ちゃんは聞こえないふりをして、窓の外に目を移した。

瀬戸川君は意外なことを話した。昨夜、AB病棟間の行き来を自由にしてほしい、と自分の病室のあるB棟の婦長に伝えてきたというのだ。

「先生、なんも言ってくれんからさぁ。美江と英ちゃんと相談して、三人で行ってきたよ」

瀬戸川君がそう言うと

「ボクも行ったよ」

真ちゃんが口をはさんだ。ちゃんと聞こえているらしい。

「あっ、うん。そう。真ちゃんも行ってくれた。車椅子を押して行ってくれたよな」

瀬戸川君は大切なことを忘れていたというように付け加えた。真ちゃんは綺麗に並んだ歯をニッと出した。

「そのときね、瀬戸川君と美江さんね。ごんちゃん、頼りにならんもんなぁ……って、しみじみ話してたよ」

真ちゃんは窓際の机の上で頰杖をつき、うれしそうにククッと笑った。そうかあ、しみじみ言われちゃったかあ……。

「真ちゃん！」

瀬戸川君が厳しい顔をして真ちゃんを睨んだ。美江からも「もう病棟に帰りなさい」と言われ、真ちゃんは口をつぐんで窓の外に顔を向けた。気にするなよ真ちゃん。その通りだもん。

「行ってきたのか。それで、婦長さんはなんて言ってた」

「婦長さんね、A棟の婦長さんと話してみるって言ってくれた」

「話してみるってか」

「うん。それでさ、今度の集会でそのことをみんなに言おう、って思ってるんだけど。いいかなぁ」

瀬戸川君は、なんだかちょっと自信なさそうな顔をしてこっちをみた。

集会の使い方を細かく規制するのはやめましょう。わたしたち教師はそう話し合っていた。だがまったくの自由というわけではない。ひとつだけ方向を指し示す言葉がある。それは「仲間と共にあれ」というものだった。

「その言葉から逸脱しない限り集会はどう使おうと自由だ。年齢も病気も、もといた学校も、退院する日も、そして考え方も全員が違う。けれどここにいる間は、そうした違いを認めつつ、病気を治そうとしている仲間がいると思ってほしい。そう思ってくれて決めたことなら、集会の時間の使い方はきみたちの判断にまかせる。そして、たとえ先生たちの提案であっても、そこからずれていると思ったら遠慮なく言ってくれ」

新しい議長団が決まると、まだ充分に若かったわたしは、気張ってそのような話をした。

三人は、みんなの願いを持って、夜になって婦長に会いに行った。病棟での規則であり、決着をどう付けるか迷っていた教師を置いてきぼりにし、仲間の切実な声をしっかりと伝えたのだ。

「うっひょう。雨だあ」

真ちゃんが嬌声をあげた。窓の外はいつのまにか雨雲が低く降り、あたりを濃灰色で抱え込んでいる。雨がつぶてとなって小児病棟の窓を叩きはじめた。一月だというのに遠雷の音が聞こえる。

「いいんじゃないか、それで」

瀬戸川君たちから視線をそらして、窓の外で激しくなる雨を見ながらこたえた。

「よかったあ。たぶん(それでいい)って言ってもらえると思ってたけど」

ほっとしたような表情をみせ、彼は美江と英介に顔を向けた。二人も安堵の笑みを浮かべている。

「けどさぁ」

「なんだよ」

「少しはほめてくれるかなぁ、って思ってたんだけどな」

「先生は、そんなに簡単に生徒を誉めるようなことは、せん」

即座に言い返すと

「だよねぇ〜」

瀬戸川君もすぐ反応した。美江と英介が大きな声をだして笑った。

太い光が窓の外を走った。遅れて腹の底に響く音がした。

「落ちたぞぉ。スッゲエ」

真ちゃんがさっきより大きな声をあげ、窓におでこを押しつけた。そして窓ガラスを撫でるようにゆっくりと上下に動かした。それは窓の向こうを流れる雨を、広いおでこで感じ取ろうとでもしているような不思議な仕草だった。

二月になって、ようやく瀬戸川君の進路が決まった。

それは、愛中病院に入院したまま本校高等部の「通信教育生」になる、というものだった。課題に対してレポートなどを提出し、ときおり高等部の先生が病院を訪れて疑問などに答えるという形である。

通信制高校にすすむことも考えた。だがスクーリング以外は、卒業までずっとひとりだ。高等部の通信教育なら病状が好転したら県立病院に移り、本校に登校して友達と一緒に学習をすすめることができる。それが本校の通信教育を選んだ理由だった。

そしてそれが、わたしたちにできる精一杯の進路保障だった。

「別の病院に入院しながら、高等部に入学させるのは開校以来初めてのことです。愛知県の病弱教育の歴史になかったことです。快挙と思って下さい」

留さんと二人呼ばれた校長室で、校長は胸を張って言った。きっと彼にも我々の知らないところでいろんな苦労があったのだろう。けれども、それは瀬戸川君の望んだ高校生活ではなかった。

彼の望んだのは通信教育ではなく、仲間がいて先生がいる、そんなふつうの高校生活だったはずだ。

「院内学級に高等部があればなあ……」

校長室を出ると肩を落とした留さんが、ブンコと口論した日と同じ言葉を口にした。

三月になった。

瀬戸川君と真ちゃんは、それぞれ中学部と小学部を卒業する日を迎えた。

病弱養護学校の卒業式は小学生・中学生・高校生合同で行われる。瀬戸川君は堂上医師に外出許可をもらい、久しぶりに車に乗り看護婦付き添いで本校で開かれる式に出席することになった。

入場までのしばらくの間、渡り廊下で待たされた。わたしの後ろに真ちゃんが、病休代替の吉岡先生のうしろに瀬戸川君が並んでいる。きょうは真ちゃんも主役なので、瀬戸川君の車椅子は押せない。

「真ちゃん、悪いね」

ブンコ先生が瀬戸川君の車椅子の横に立って言った。

「いいよ、今日は仕方ないもん」

真ちゃんはなんだか淋しそうにこたえた。

「けっこう大きいし、見晴らしもいいんだ。本校って」

瀬戸川君は車椅子の上で背筋をぐいんと伸ばし、遠くの町並みに目をやった。薄く曇った空の下に、くすんだ灰色の家々や小さなビルが並んでいるのが見える。点在する菜の花畑の黄色を揺らすようにして、まだ冷たい風が丘陵を駆け上がってくる。

「普通の学校とかわらないだろ。プールもあるんだぞ」

「へぇ、病気の子ばかりなのにプールがあるの」

「体育館の向こう側にな、あるんだ。夏になるとみんな泳ぐぞ」

頷いて、瀬戸川君は運動場との境で淡い桃色の花をふくらませ始めた桜に目を移した。

「あの桜、ひとつだけ早く咲きそうだね」

「あれは西洋実桜っていってな。ほかのより早く花が開くんだ。五月になるとサクランボが鈴なりだ」

「えっ、食べれるの」

真ちゃんが驚いたように大きな声をだした。

「ちょっと酸っぱいけどな、おいしいよ。すこし大きくなると、みんな古い封筒に名前を書いてサクランボにかぶせるんだ。鳥に食われないようにするためと、自分のだから食べるなよ、という目印だな」

「うっひょう、食いてえ」

食い物の話になると、真ちゃんは元気に声がでかくなる。

「サクランボだけじゃないぞ。十月になると柿だな。十二月は蜜柑で、二月ごろは八朔だ」

「なにそれ」

瀬戸川君が桜から目を離さずに言った。

「ぜんぶ学校の中にある。みんなで食べるんだ」

「そうかあ、いいなあ。俺、ここに来たかったなぁ……」

何か言わないかとブンコ先生と吉岡先生を見たが、彼女たちは口をひらかなかった。

しばらく黙って入場の合図を待った。渡り廊下沿いに白梅と紅梅が交互に花を咲かせ卒業を祝い、その下で星の花弁を集めた沈丁花が強く香った。

ふたりは、その日もらった卒業証書がとても嬉しそうであった。

かれらの笑顔をブンコ先生が校長室や図書室、梅と桜の木の前、そしてなぜか理科室の骸骨の標本の横で写真に収めた。笑い声が聞こえる写真だった。

その年の十月。瀬戸川君は亡くなった。

愛中病院を退院することができないまま、本校高等部に通うこともクラスメートと言葉を交わすこともなく、十六歳で生涯をおえた。

夜九時過ぎにブンコ先生から電話が入り、亡くなったことを聞かされた。彼女は遅くまで教室に残り仕事をしていた。帰ろうとして教室を出たところで、看護婦さんに知らされたという。

「お母さん、半狂乱で」

「そうか」

「かける言葉もなくて」

「そうか……。留吉先生には連絡してくれたのか」

「今、しました。留守だったから奥さんに伝言で……」

「ごくろうさん。疲れただろうから、もう帰れ。教頭には俺が電話しとくから」

「うん、ありがとう……。ごんちゃん」

「なんだ」

「………」

ブンコ先生はしばらく電話のむこうで黙り込んだ。

「どうした、なんだよ」

「あたしらさあ（仲間と共にあれ）なんて偉そうなコト、いつも言ってるじゃん。それなのに、結局、子どもたちに何もしてあげられないよね」

ブンコ先生は言葉を区切りながら言った。

「瀬戸川君、あの言葉、なんて思ってたのかしら」

「……」

「あの子、仲間と共に学ぶこと、望んだのに……。ごんちゃんは後悔してないの。あんなこと言って」

「……」

「あたし、なんで、こんなにつらい学校に来たんだろう」

ブンコ先生はそのあと口をひらかず、電話を切ろうともしなかった。わたしが何か言うのを待っているようでもあった。

「どうして黙ってるの。なんか言ってよ」

電話口のむこうが泣き声になった。

「じゃ、切るから。もう帰れ。気をつけて帰るんだぞ、いいな」

彼女の返事を待たずに受話器を置いた。


真ちゃんは再生不良性貧血で入退院を繰り返した。体調のよい時期もあり、その間は退院し地元の中学校に通った。だが普通高校には通えず、本校に隣接された県立病院に入院し高等部に入学した。

あと数日で高校二年の始業式を迎えるという、十六歳の春の日。真ちゃんも短すぎる生涯を閉じた。

「いくら仲がよくたって、そんなことまでいっしょにしなくても」

自宅で行われた通夜で、真ちゃんの固くなった蒼い頬を撫でながら、ブンコ先生は涙を溢れさせた。

翌日の葬儀は、雨あがりの風が強い日だった。読経が終わり棺の中の真ちゃんが花で埋まった。

「ぐっぐっぐっぐっ」

それまで冷静だったお父さんが喉の奥からくぐもった声を出した。それはやがて嗚咽になり、最後は号泣に変わった。

真ちゃんの棺を乗せた車が、クラクションを鳴らして走りだし、見えなくなった。

「じゃ、帰りますか」

留さんが先に歩きだした。遅れてブンコ先生とわたしも、臨時の駐車場となった空き地まで並んで歩いた。強い風にブンコ先生の髪が乱れて逆立つ。

「ごんちゃんさあ、教師をやめたいって思ったことないの」

風に舞う髪を気にすることもなく、ブンコ先生が言った。

「俺かあ。おれは、いまんところ、ないな」

「じゃあ海で泳いだことはある？　暑い夏に山に登ったことは？」

何が言いたいんだ。ブンコ先生の横顔をみた。

「あたしは夏、海で遊んだし、山にも何度も行ったわ。好きなソフトボールも思いっきり楽しんだ」

彼女はまっすぐ前を向いたまま、表情のない顔で言った。

「それが、どうした」

「真ちゃんや瀬戸川君に夏ってあったのかなあ、ってね。思ったの」

かれらの夏か。そんなことは考えたことがない。

「あの子たち、外で思いっきり遊べる夏を知らずに逝っちゃったんだよね」

わたしたちは留さんに追い付き、三人並んで歩くことになった。聞こえているはずなのに、留さんはいつもの穏やかな顔をしてゆるりゆるりと歩いている。

「治療で苦しい思いばかりして。あの子たち、生まれてきて楽しいことあったのかなあ」

ひとりごとのように彼女は言った。

「………」

「そうだよね。ごんちゃんてさあ、いつもそうだね。大事な質問には、絶対答えてくれないもんね」

前を向いたまま怒りの感情を押し殺すようにゆっくりと言うと、彼女は急に早足になった。そして挨拶をすることもせず車に乗り込み、乱暴にドアを閉めると留さんとわたしを無視するようにして、ぎゅんと車を発車させた。

昨日の雨でぬかるんだ空き地に、彼女の車の轍がくっきりと残された。轍の痕に、散り始めた桜の花びらが何枚も押し潰されている。

「なにか言ってあげないと、いけないなあ」

走り去る車を見ながら、留さんがのんびりと言った。

そんな……何を言えというのですか。俺があんな質問に答えられる訳がないじゃないですか。胸のなかでそう呟いたが、口にはしなかった。

車の中で、ブンコは大声を出して泣いているのだろうなと思いながら、わたしもドアを開け車のキーを回した。

愛中病院では、瀬戸川君の卒業した年の四月からＡＢ病棟の行き来が自由にできるようになっている。それは彼が後輩たちに残してくれた素敵な財産だ。

## ピアジェの棒

院内学級で学んだ生徒の中には、医師や看護師になるのだという子が少なくない。その夢が現実となり（合格したよ）などと連絡をもらうと、この稼業もなかなかよいではないか、捨てたものではないではないか、などと思う。

だが生徒の夢が「学校の先生」で、それが実現したという喜びに満ちた連絡をもらう時はやや複雑で、単純にうれしいとは言い切れない複雑な気持ちが入り交じる。

斎藤美里は中学二年の秋に院内学級に入ってきた。なんだかずいぶんと色の黒い子だなあ、というのが美里の第一印象だった。小柄だが意志の強そうな目をし、かすれた低音で語尾まではっきりとものを言った。

中学校ではテニスに没頭する毎日を過ごしていた。体調を崩し家の近くの医院で診察を受けた後、愛中病院に入院することになった。

「優秀な生徒が入ってきたよ。ごんちゃんは、優秀な子にはあまり興味はないかもしれんがな」院内学級について保護者に説明をする「入学相談」を終えたばかりの留さんが、そう言ったことを覚えている。

美里は集会議長になったので、言葉を交わすことも多かった。だがそれほど深い記憶はない。自分の記録として書き続けている日記にも、美里のことはあまり書いてない。いってみれば関わりは浅い生徒だった。いや、そう思い込んでいた。

彼女がほぼ一年の入院生活を終え中学三年の秋に退院すると、あまり思い出すことのない生徒のひとりになった。

三年半後、美里から手紙が届いた。

【美里　十八歳の春】

純平先生お元気ですか。愛中病院でお世話になった斎藤美里です。おぼえていらっしゃるでしょうか。

三年間の受験勉強を経て、ことし静岡大学に合格したことをお知らせます。不思議なもので、今まで治りもしなかった病気も受験が終わるとともに検査結果がだんだんと良くなってきています。

私は退院時、先生にたくさんの励ましやお言葉を頂いたことを本当にうれしく、ありがたく思っています。入院中に心の中で感じていたことを、先生がはっきり言葉にしてくれたような気がしました。

弱者にたいする心づかいは、その人が身を持って体験しなければわからないのだと、先生がおっしゃったことは忘れません。

高校生活は、私にとって大変充実したものでした。たくさんの友人に囲まれ、たくさんの話ができました。自分の中で自分というものが分かったというか、やりたいこと、好きなもの、夢中になれるものがはっきりしてきたように思います。

大学で、もっともっと自分の窓を広げていきたいと思います。

またお会い出来ることを楽しみにしています。 (略)

突然の手紙だった。差出人の名前を見ても、だれが寄越した手紙なのかすぐにはわからない。読み初めて、ようやく

「ああ、ミサトかあ……」

そう声が出た。書かれていることはうれしい内容だったが驚きもあった。

翌日、留さんに美里が大学生になったことを伝え手紙を見せた。

「入院中にはっきり言葉にしたって書いてあるんだけど、全然覚えてないんだよなぁ。何を言ったんでしょう、俺は」

「そうだなあ、校長に文句言う時とか、ビールの銘柄とか、食い物の好みなんかは、わりあいはっきりと言うけどなあ」

留さんは、差し出した手紙を読みながら言った。

「だいたい俺が（励ましのお言葉）なんて、言うでしょうかねえ」

「う〜む。ごんちゃんがそんなことを言ったのは、あんまり聞いたことないよなあ」

留さんは読み終えた手紙を机の上に置き、ちいさな欠伸をした。

そうなのだ。本当にまったく（弱者に対する心遣い）など、話した記憶はカケラもないのだ。言った覚えのないことを相手だけがしっかりと頭の片隅にとどめている、というのは恐ろしいことだ。

美里の場合は、どちらかといえば「良い方向」ではあった。だがときには気づかぬままに、生徒を傷つける「悪い方向」の言葉を口にしているかもしれないのだ。喜ばしい手紙だったが、それは（無数の傷つけてしまったかもしれない生徒の存在）を感じさせるものでもあった。

「知らないままに、長く深く残る傷をつける場合もある。それが我々の商売なんですよねえ」

読んで気になっていたことを口にした。留さんは飲み干した湯呑み茶わんにもういちどお茶を注ぐと、呆れたようにこちらをみた。

「ごんちゃんさあ。そんなこと、ホントに今ごろ、初めて気がついたの？」

「ええ、そうですけど。何か？」

「まったく、ほんとに、ごんちゃんはなあ」

彼はあきれたようにつぶやくと

「そんなのは、常識以前の問題なんだけどなあ」

きっぱりと言ってお茶を飲み干した。常識知らずで悪かったですね。聞こえないようにわたしは悪態をついた。

美里にはお礼の手紙を書き、『まなざし・出原あづみ遺作写真集』を贈ることにした。

出原あづみさんは、名古屋大学教授の出原泰明さんのお嬢さんで、大阪芸大写真学科在学中に事故で急逝された。『まなざし』は出原さんの無念と、あづみさんの溢れる才能が凝縮された本だ。これから大学生活をおくる美里に、是非読んでほしいと思ったのだ。

写真集は手元に一冊しかなく、それは残して置きたかった。出原さんに頼んで本を譲ってもらい手紙と一緒に投函すると、日常に追われ美里のことや手紙をもらったことを思い出すこともなくなっていった。

そしてさらに四年がたった。美里から再び手紙が送られてきた。

【美里　二十二歳の五月】

純平先生お元気ですか。院内学級でお世話になりました斎藤です。

前に手紙を送った時は、本当に心のこもった長いお手紙また写真集までいただいてありがとうございました。

今回、あれから四年もたってしまいましたが、私の進路の方が決まったのでお知らせしようと思いペンをとりました。四月から英語の教師を〇〇県の方でしています。

大学四年間は、私にとって人生を決める大切な時期だったと思います。

大学一二年のうちは遊ぶばかりでサークルとバイト、友達づくりに明け暮れていた感じでした。将来何になろうか、ただボンヤリと考えていただけでした。本当に自分の将来について、真剣に考え始めたのは三年の頃です。

塾のバイトを一年から続けていて、教えることに興味を持ち始めた頃でした。でも先生になるのはすごく難しいと聞いていて、私なんかなれるのかなあと自信もありませんでした。けれど、そのころちょうど六ヵ月間イギリスに奨学金で行けるという話があり三年の六月から十一月まで、イギリスで生活することになりました。

ヒアリングが苦手で苦労していたのですが、この六ヵ月でかなり自分でも話せるようになったなあと思えるようになり教採（注・教員採用試験）も受ける決意ができたように思います。四年では教採一本に絞ってがんばりました。運良く合格でき四年生で書く卒論も終わり、無事卒業することができました。

今は高校で、働くというよりは、先生方に教えられながら教師をやっています。権田先生のように心を打つ言葉をかけたり、思いやりの心を持って生徒に接する余裕はありませんが、いつか必ず先生を越えてみせます。なーんて、大きな事は言えませんが先生のようになれるといいなぁ、と思っています。

自分が先生になると、生徒に英語の勉強の仕方とかえらそうなこともいわなきゃいけなくて、なんだか恥ずかしいのですが、そのうち慣れるカナ。

また先生と会っていろいろ話がしたいです。いろんな壁にぶちあたったとき、なんかいい

ことがあったとき、連絡します。（略）

美里は他県で、高校の教師になっていた。

静岡大学に合格したという手紙をもらってから、この手紙をもらうまでの四年間にわたしの周囲もすこし変化があった。

留吉先生は定年退職を迎え、非常勤講師として残る道もあったがそれを選択しないで教職から退いた。ブンコ先生は本校で中高校生の体育を受け持っている。代わりにポニーテールの素浪人大東が愛中に移って来た。同じ職場になったので、彼とはビールを飲みつつ話をする機会が格段に増えた。

我々の行く店は病院近くの居酒屋「一本道」だった。新しく綺麗な店が何軒もできていたが、旨い手羽先を食べさせてくれるので、大東と二人で飲むときはこの店以外に足を向けることはなかった。

一本道の店内は空いていた。玄関を入って右側が小上がりの畳席で、通路を挟んで左側がカウンターになっている。我々はいつもカウンターの一番奥に座る。そこからだと畳席の端っこに置いてあるテレビが見やすい。

店の大将とわたしは同じプロ野球チームが贔屓で、中継を見ながら（よおし今日はいける）などと声あげる。すると大東は、何を馬鹿なことをというような表情を露骨に示した。

彼は最近市民演劇集団を組織し、そっちの方にも力を入れ出した。演出をしたり主役を演じたりしているらしい。次回の上演は血糊のナントカという芝居で、前売券を何枚も押しつけられた。その芝居がいかに素晴らしいものであるかというコトを、一週間程前にここでしっかりと聞かされている。だから今日はこっちの話をしていいのだ。

「愛中にいた子がなぁ、同業になったんだ」

手紙をカバンから出した。大東は（うん？）というような表情をして受け取ると、差出人を確認してから読み出した。

「いいか、ここんとこ（権田先生のように心を打つ言葉をかけたり思いやりの心を持って生徒に接する……）ていうトコ。そこ重点的に、何回も読め。ちゃんとな。でな、キミも俺のように素晴らしいセンセイになれよな」

読んでいる最中にしゃべると、彼はうるさそうに手をひらひらさせ、ダマレダマレというような仕草をした。

「思いやりの心ねぇ、ごんちゃんがなぁ。酒飲みのココロは持っとるがなぁ」

読み終えた手紙をそのままこっちに戻し、大東は若干の遅れであっても取り戻そうとでもいうようにがしがしと手羽先を口に運んだ。

「俺が本当は優しくて、素晴らしいセンセイだというのが、ようやく君も分かったかね。どうだね」

「しかし、まぁ、社交辞令の手紙にしろ、良かったじゃないか。嬉しいもんだよ、教え子が同業になるって知らせてくれるのは」

わたしの誇らしげな気分をまったく無視して大東は言った。このごろ髭を一段と伸ばした奴は、かつての食い詰めた素浪人というより、俗世間に未練たっぷりの仙人というような、なんだか表現に矛盾を生じるような雰囲気を全身に漂わせている。

「で、話は何よ」

「えっ？　あっ、うん」

「自慢したいだけじゃないんだろ」

「ああ……、あのなあ」

「何だよ」

「美里が、この手紙の子な。教師にやりがいを感じて、気分のいい先生になってくれたらそれでいいんだけど。もしもだぞ『ピアジェの棒』みたいになったら……と思ってな」

「それが気になって、今日誘ったのか」

大東は空になったジョッキを手に掲げ、ビールを追加注文した。大将が出してくれたビールを受け取ると、カウンターに置く前に半分ほど飲み干した。そして髭に付いた泡を親指と人差し指でしごくようにしてぬぐった。

「ああ、まあ、そういうことだ」

客が少しずつ入りだし、店内が騒がしくなってきた。大半の客が手羽先を注文するので、大将は油の前にずっと立つ。そこからだと野球中継が見られない。大将、いいトコになったら教えるよ、わたしは少し大きな声を出した。

「管理教育」という言葉は現在では死語のようになってしまったが、かつては全国的に猛威をふるっていた。なかでも愛知県は「東の千葉、西の愛知」と呼ばれ、厳しい「管理教育」を行うことで知られていた。

精神的な拷問のような軍隊式団体行動訓練。高校生にたいして職員室の柱に向かって「反省」を一時間述べ続けよと強要し、精神修養のためと称して野外活動で虫を天ぷらにして食べさせる。家庭訪問が深夜の十二時過ぎに行われ、高校生の部屋に教師がどかどかと入り込む。

現在は廃刊になったが『教育の森』という教育雑誌があった。その雑誌で愛知県の教育は「管理教育最進県の狂気の実態」として、シリーズで批判的に取り上げられたことがある。他府県の教師たちと夏休みに研究会で会うと「いくら何でもあれは誇張でしょ」と言われたが、書かれていることは事実でしかもほんの一部であった。

大東と酒を飲んでいる時点では、吹き荒れた「愛知の管理教育」も多方面からの批判を受け次第に下火になっていた。だがまだ、あちこちに残骸のようなものが残っている。

その嵐が比較的穏やかだった我々の勤務校だが、新年度に全教員に配布される『生徒指導の手引き』なる冊子では「……児童生徒に挨拶されたら必ず応える。時には教師の方から挨拶するのもよい」と書かれていた。

「挨拶するのもよい」には笑ってしまう。ふざけているわけではなく、もちろん真面目に作ったものだ。

教育はマニュアル化され、教師は生徒に挨拶された時どうすればよいか判断できない存在として扱われていた。若い先生の中にはそうした現実に失望し辞めていく人もいた。

大東とわたしは、県内のある研究会に所属している。幼稚園・小・中・高校・障害児学校、そして大学の教員が参加する研究会だ。あまり大きな会ではないのでメンバーは大半がお互いの状況を知っている。

ある年、世間的には難関といわれる大学を出て研究会に入ってきた新任教師がいた。彼の赴任した学校は、知的障害を持つ生徒が通う養護学校だった。彼はルソーはこう言っているとか、モンテッソーリはこう指摘している、などと研究会で難しい話をした。

「えっ、えっ？ そんなこと言ってたっけ。いやぁスゴイなぁ。お前、知ってたか？」

我々は顔を見合わせ、感心してその教育論を聞いた。彼のおはこが「ピアジェによると」だった。

最初は関心していたが、あまりにしつこい。しまいには「出たぁ、ピアジェ！」そう言って、顔を見合わせ小声で笑うようになってしまった。

一年ほどすると、ピアジェ君は研究会に来なくなった。数年後、消息を同じ職場の人にたずねた。

「彼、細い棒でこどもたちを殴っています。棒には『愛のムチ』って書いてあります」

そう教えてくれた。彼の持つ棒は、我々の中でいつしか「ピアジェの棒」と呼ばれるようになった。

それなりの夢や希望を持って教師になったであろう彼も、時代と、暴力を黙認する風土しか作らなかった先任教師と学校の犠牲者だった。持っている豊かな知識を生かせる環境であれば、きっといい先生になっていたのだろう。

美里が教師になったのはうれしい。だが「学校」は大切な人には来てほしくない場所、という気分も一方にあった。

教師であることが、ある種尊敬の目で見られた時代は遠い昔のことだ。いま教師は、生き方を問われ、ときに精神を病み、自ら命を断つことすらある。希望が見いだしにくく、見返りの少ない仕事だ。本当に好きでないならば、やらない方がいい。

不確かな、形にならない不安感があった。

わたしは美里に手紙を書いた。その手紙のコピーを取り出して、続けて大東に見せた。

【美里への返信】

同業になったのですね。

今は昔と違って採用数が少なく、しかも大学生の就職は超氷河期だったときいています。採用試験は、激戦だったのでしょう。そんな状況下でも一発合格をするのは、いかにも美里らしいです。

おめでとう。

山田洋次の『学校』という映画を見たことがあるでしょうか。美里から手紙をもらって、その映画を思い出しました。

夜間中学のある一日を、回想を含めて描きます。映画のラスト近くで西田敏行演ずる教師に、教え子が、夜間中学卒業後の進路を伝えるシーンがあります。

中学校で不登校になり、今は立ち直ったその子は、雪の降りしきるなか下駄箱の前で西田が帰るのを待っています。そして、大学に進んで夜間中学の先生になることを西田に伝えます。その時の西田の嬉しそうな顔。そうして
「俺も、それまでここでがんばる……」

校長から転勤を勧められている彼は、そう言います。

西田先生は、あの子の支えになりました。しかし同時に、教師として生きる意欲を与えてもらっています。支えているようで、実は支えられている。あの場面山田洋次はそんなことを表現したのではないかと思います。

僕は、映画の教師のように美里を支えたなんてことはありません。けれども、短い間の関わりであったにもかかわらずこうしてうれしい手紙をもらえる。（生徒に支えられ生きられる）そのことだけは、あの西田先生と同じだと思いました。

それで映画を思い出しました。

手紙、本当にありがとう。

新任教師の頃のことを、少し話しましょう。

障害児教育に携わろう。決意だけはありながら、その力量を持たずに聾学校に赴任しました。

聾教育は早期教育が重要で、幼稚部から小学部まで母親が授業を参観していました。学校での出来事や学習を家庭で再学習しつつ、「言葉」の獲得をめざすためです。

新任の年に小学二年生の担任になりました。毎日朝から帰りまで、教室の後ろにお母さん達がいます。力のない新任教師などすぐに分かります。やがて授業中に子ども達めがけて消しゴムが飛ぶようになりました。放課になると

「なぜ、そんなことが分からないの！」

三十センチの物差しで子ども達は頭を叩かれました。

すべては、担任の力のなさへの不満でした。もう辞めよう、今日こそ辞表を出そう、いつもそう思いながら家を出ました。

教員採用試験は別の県でも受け、そちらは小学校での採用でした。小学校に行けばよかった。障害児教育なんて俺には無理だったんだ——。考えはいつも同じ所をぐるぐるとまわりました。

辞表を出すことをしなかったのは、最後のところで押しとどめてくれたのは子どもたちでした。教室にいると母親の目があるので、かれらは放課時間になると運動場に遊びにいきま

す。

「えんえ、あおぼ。おと、いこ」【先生も遊ぼうよ。外に行こうよ】

そう言ってかならず僕を誘ってくれました。そしてあるとき職場の先輩教師から

「権田君、自分の駄目な所や弱さを自覚した時から、やっと教師の仕事が始まるんだよ」

そう言われました。よほど危うく見えたのでしょう。

けれど、その一言で随分と救われました。子どもたちと信頼できる先輩教師のおかげで、教師を辞めないですみました。

教師というのは、自らの弱さや劣等感、悲しみ、そうした経験が時として大変貴重で重要なものになる、そんな変わった面を持つ職業だと思います。そうして、土壇場では陽気で・楽天的で・人間好きであることも大切だと思います。

決して楽しいことばかりではないけれど、美里はきっといい先生になると思います。つらいことも、シンドイことも、大変なことも、投げ出したくなることも、いろいろあると思うけれど、とにかく身体は大切にして下さい。頑張りすぎないように。

そして、いつか、考えた末に教員よりももっとやりたいことが見つかったら、躊躇せずに挑戦したらいい。美里が決めたことなら、きっと確かなことだと思う。いつか、また、なにかの節目にお便りを下さい。

その日まで。元気で。

斎藤美里様

権田純平

大東はさっきより、少しだけまじめな顔をしてそれを読んだ。

「最後に（いつか別にやりたいことが見つかったら挑戦したらいい）と書いたな」

「うん？　ああ」

「同業になってほしくはなかったのか」

彼は手紙のコピーをひょいとこっちに放り、いつもよりは少し丁寧な口調になった。

「手紙をもらうまでは、正直あまり考えてなかったんだ。けどな教員になったと聞かされても、あまりうれしくなかったのは確かだ。昔、静大に合格したという手紙をもらったことあってな。話したことがあるだろ、覚えてるか。あのときは、うれしかったんだがなあ」

「心配する気持ちは分からんでもないけどな。でもなあ、もしそうなっても、そりぁ仕方ないだろ」

大東は背中を大きく後ろに反らして椅子の背に上半身を預けると、両手を頭の後ろにまわして組みあわせた。

「どう生きるかは、あくまでそいつ自身の問題じゃないのか」

ポニーテールの仙人は、しばらく考えてから言った。

「まあ、そりぁそうだけど」

「『ピアジェの棒』を持つか持たないかは、まわりの影響もあるけど、最後のところは自分で決めることじゃないのか」

美里の抱いている希望が、何年か後には大きな失望に変わるかもしれない。それを言うと大東は、(心配しても、俺達にはどうしようもないだろう) と笑った。

「ふふっ。まあ、しかし、ごんちゃんもオトナになったよ。国の教育政策にカリカリするばかりじゃ駄目なんだよ。そういう風に、少し深くニンゲンやモノゴトを見ないとな」

血糊ナントカのポスターの趣味が悪い。美術のイトウ先生にそう言われたとき、目の下を赤くして反論し (だからあいつは駄目なんだ。美的センスとか芸術的な感覚なんて持っとらん。あれで、よく美術教師やってられるよ。まったくよお) などとカリカリしまくったのは一週間前だったということを忘れたようだ。

彼は、深くニンゲンを捉えるためにも少し演劇をやらないかね、と言ったがどうせ人が足らなくて大道具とか小道具の係で使おうとしているのを知っているので無視した。

我々の真面目な話はそれでおしまいになり、いつものように馬鹿話に突入していった。

プロ野球中継が終了した。それからまだ少し話して、店を出た。

店に入るときに降っていた雨は上がっている。清酒と大書きされた赤い提灯が、下を鎖で止めてあるのに風に揺られてゆらゆらと尻を振っている。玄関横から伸びた藤の葉が、棚の上でたっぷりと貯めこんだ雨の雫を滴り落とした。

「あ〜あ、あしたも仕事かあ。どっかから、銭が落ちてこんかなぁ」

大東はそう言って両手を大きく広げると、雨あがりの湿った空気を深く吸い込むように深呼吸をひとつして歩きだした。やっぱり、こいつは仙人じゃない。

美里は今ごろ何をしているのだろう。明日の授業の準備をしているのだろうか。だとしたら、俺はまたこんなに飲んだくれてしまって申しわけない。そう思いながら大股で歩くニセ仙人の後ろを駅まで歩いた。

先日、美里に電話をした。

「私？　元気ですよぉ。先生、一杯飲ませてくださいよぉ。それと、今度シティマラソンに出るんです」

美里は前半と後半のつながりがちょっとおかしい話を、中学生のときとあまり変わっていないハスキーな声で聞かせてくれた。

「マラソンって、からだは大丈夫なのか」

「へへっ、ハーフです。二十キロですよ。身体は大丈夫です。それよりアパートが高校の目の前にあるんで、ワルガキどもがピンポンダッシュして困ってるんですよぉ。まったくあいつら、今度やったら絶対とっつかまえてやる」

彼女は、気取らない気分のよい高校教師になっていた。

そしてどうやら、ピアジェの棒は持っていないようである。

# 15メートルの通学路

病院訪問教育という制度がある。

院内学級がない病院に長期入院をするこどもがいるとき、教師を病院に派遣して授業を行う。週三回・一回につき百二十分の授業は、院内学級に比べると授業時数が少ない。利点は、県下のどんな小さな病院であっても授業を受けられるということだ（この制度は、現在も全国的に統一された制度ではない。実施内容は各県によって大きなバラツキがある）。

愛中病院を離れ、出前授業をするその「病院訪問教育」の担当になった。


束ねた髪を左右に揺らし跳ねるようにして小児病棟の中を歩く優香を見ていると、この子はいったいどこを病んでいるのだろうと思ってしまう。だが一見元気そうに見える彼女も、三ヵ月ほど前に入院し小学校入学の四月を迎えても退院をすることができなかった。

病院の中でおこなう入学式の日。優香は真新しい朱色のランドセルに筆箱とハンカチを入れて、朝から病棟の中を歩きまわった。跳ねると背中で筆箱がほこほこと音をたてた。

「ゆうちゃん、今日はね、みんながお祝いをしてくれる日。ランドセルは、あしたからでいいんだよ」

小児病棟の遊戯室で式の準備をするわたしの動きを、さっきからじっと眺めている彼女に言った。

「うん。きょうは勉強しないから、なんにもいらないんだよね。わかったよ」

優香は大きく頷き、ランドセルの肩ベルトに両手の親指を差し込んでぎゅっと握った。そして少しのあいだ姿を消すと——きっと友達のいる病室や看護師詰所でおしゃべりをしていたのだろう——しばらくして再び現れた。

「せんせ、きょうはいらないんだよね」

背負ったランドセルの底を拳でこんこんと叩き、彼女はなんども同じことをたずねた。

学生時代に合唱クラブにいたという看護師さんの独唱で入学式は始まった。医師や師長、校長代理として本校から参加した教頭からお祝いの言葉が続く。入院児の母親たちが作ってくれた祝いの手製メダルが渡され、同じ病室で過ごす二歳年上のルミちゃんから花束が贈られた。最後にくす玉が割られ、参加者全員で歌をうたった。

お礼をかねて閉式の挨拶を言おうとすると、椅子に掛けた優香がわたしの顔を見上げた。

「せんせ、あのね」

なにを言い出すのだろう、皆がそう思ったらしく部屋は静かになった。

「あのね。きょうは、いっぱい、ありがと」

両足を揃えてゆらゆらと前後に振りながら、ふわり、というかんじでそう言った。

「あっ、うん。よかったね。おめでとう」

思わぬ言葉にどぎまぎし、わたしはようやくそれだけこたえた。

準備していた挨拶は話す機会がなくなり、かわりに参加した人たちの笑い声と拍手が式の終わりを告げるものになった。

部屋のうしろの方で、数人の看護師さんが微笑みながら涙をぬぐう姿が目にとまった。

鮮やかな朱色のランドセルは、ブランコのように揺れる両足の横にしっかりと置かれていた。

少ない授業時間なので、訪問教育ではすべての教科を小学校と同じように教えることはできない。そのため「精選」といって、これだけは必ず教えておきたいということを中心にして授業を組み立てる。

だが優香は聡明な子で、精選が必要ないほどスムーズに学習は進んだ。国語や算数だけでなく、好きな音楽や図工にも比較的多く時間を割くことができた。

「ゆうちゃんの歌声が聞こえると、小さな子たちが教室の前に座り込んで耳を澄ましていることがあるんですよ」

優香の美しく澄んだ声は、師長も驚かせたようであった。

四月、五月と彼女は元気に授業を受けた。退院の日をめざして順調に毎日を過ごしている、そう思いこんでいた。

高台にあるT病院の屋上からは、名古屋の中心地まで見渡すことができる。屋上で風に吹かれ、遠くの景色を見るのが優香は好きだった。けれど六月になると体調の悪い日が増え、屋上に行くことも次第に減っていた。

その日もひどく疲れた様子をみせたので、一時間ほどで授業を打ち切った。病室まで彼女を送り、教室に戻って学校に帰る支度をしているとドアが開いた。優香のお母さんだった。

「先生に、お話ししておきたいことがあって……」

娘が座る椅子に腰掛けると、彼女は小さな息をひとつ吐いた。

郵便はがき

料金受取人払

神田局承認

4150

差出有効期間
平成17年6月
14日まで
(切手は不要です)

101-8791

007

東京都千代田区
西神田二—四—六

教育史料出版会
行

**購入申込書** (FAXでも申しこめます。03-5211-0099)

| 書　　名 | 定　価 | 部　数 |
|---|---|---|
| | | |
| | | |
| | | |
| | | |
| | | |

# 読者カード

お買いあげいただき、誠にありがとうございます。この本をお読みになった感想や装丁、造本などについての意見をお聞かせください。また弊社の本が書店でお求めにくい場合やお急ぎの場合は、このハガキを購入申込書としてご利用ください。一週間以内にお手元に届きます。代金は書籍の到着後、一週間以内に同封の郵便振替用紙でお支払いください。送料は一回につき（何冊でも）２１０円です。

| | |
|---|---|
| 書　名 | |
| お名前 | 年齢（　　）歳<br>ご職業（　　　　） |
| ご住所<br>〒<br>電話 | <br><br>Fax |
| ご感想やご意見を自由にお書きください | |

「実は、優香。ほんとうは脳腫瘍なんです。もう治療の手立てもないそうで。手術をすることもできない、って言われてます」

「えっ、あの……」

言われている意味が飲み込めず、混乱して聞きなおした。

「脳腫瘍って、どういうことでしょうか。二学期には退院だと聞いていましたが……」

入学相談の日、お母さんは別の病名を告げ（症状は軽いから、夏休み後には退院できると思います）たしかにそう言った。

「すみません、先生。普通の子とおなじように接してほしくて、病状のことは隠していました。けど最近は体調の悪い日も多くて。先生も気付いていると思いますが、視力も落ちてきました。これ以上隠し続けることはできないって、お父さんと二人で話して。それで今日はここに来たんです」

そんな、今になって、どうして。まとまらない考えが言葉になるわけもなく、つぎの言葉が出てこない。ハンカチを握ったおかあさんの細い指が、膝のうえでちいさく震えている。

「同情されたり、可哀相だと思われて授業を受けさせたくなかったんです」

「………」

「ごめんなさい、先生。ほんとにごめんなさい」

彼女の声がかすれた。そして腰を折るようにして前かがみになり、ハンカチを持った両手で顔を覆った。

「あの子、もうすぐ死んでしまうんです」

肩を震わせて、声をたてずに長いあいだお母さんは泣いた。

七月になると優香はまったく授業を受けられなくなり、九月、新しい学期が始まるとすぐに旅立った。

葬儀の日(一緒に行きましょう)という校長の誘いを、寄りたいところがあるからと断って早めに学校を出た。優香が元気であれば通ったはずの小学校に行ってみよう、そう考えていた。

優香の自宅は、県境の山あいの町にあった。電車を二度乗り換え教えられた駅で降り、タクシーで十分ほど走ると学校に着いた。古びた木造の二階建校舎がまっすぐに伸びている。門にいちばん近いところが玄関のようだ。

「訪問教育で、木島優香ちゃんの担任をしていた者です」

玄関を入ってすぐ正面にある事務室に声をかけると、小窓が開いた。

「あー、どうもどうも。わざわざご苦労さまです。お待ちしておりました。とりあえずこっちこっち、こっちに入ってください」

窓のむこうで顔を斜めに傾けて、気ぜわしく応えた人が廊下に出てきた。そしてそのまま手招きしながら校長室に案内してくれた。それからもういちど事務室に消えた。

「お待ちしておりました。遠いところ、ご苦労さまです。校長の高野です」

その人は麦茶を盆に乗せて持ってくると、コップを差し出しながら挨拶をした。

(この人が、校長?)

白の半袖シャツにノーネクタイ。ラインの消えかけたズボンの尻ポケットからはタオルがのぞいている。お茶を自分で出す校長というのも見たことがないので、すこし笑ってしまった。

訪問教育や病弱養護学校についての質問にいくつか答えてから、話は優香のことになった。

「四月の入学式のときには、すでに治療の手段がないと言われていたようです」

「そのことを、知っておられたのですか」

「いいえ、そのときはまだ。式の最後に若い看護師さんたちが涙ぐむ姿を見て、なんでだろうとは思ったのですが」

「めでたい場で、きっとその先を見ていたのでしょうなあ」

高野校長は日に焼けた額に掌を当てて、そのまま頭までをつるんとひと撫でした。

「涙の意味がわかったのは、ずっと後になってからでした」

「先生たちだけが知らなかった、というわけですな」

高野校長は麦茶を一口飲み、人の良さそうな顔をまっすぐこちらに向けた。

「はい。勉強が遅れないように、小学校に戻ってから困らないようにと。いま思えば、ずいぶんとつまらないことを考えて授業をすすめました」

「そうですか……」

柔らかな顔をよく見ると、額だけでなく禿げ上がった頭のほうまで赤銅色に日焼けしている。どうしてこの人は、こんなに日に焼けているのだろうか。

「死がすぐそこに迫っているときにも、学ぶ必要があったのか。もっとほかに何かやるべきことはなかったのか。限られた命の少女に、自分は教えるべきことや伝えるべきことがどれだけあったのだろう、と考えさせられました」

初対面の老教師に何を言っておるのだ。そう思いながらも、大東や退職した留吉先生と話しているときに感ずる不思議な安堵感があり、べらべらと喋った。

「考えて、結論はでましたか」

「いえ、ぐるぐるぐると同じ所を廻ってしまいます」

「はっははは、そうですか」

古びたソファに座った校長は、それが癖なのか指をそろえた掌をまた額に当てた。

「教師なんてものは、結局のところ何も分からない、何も知らない、つまらん存在なのかもしれませんなあ」

それは自分もずっと感じていたことだ。この人は俺と同じ種類の教師かもしれない。

しばらく雑談が続いた。それから一年生のこどもたちに会えるだろうか、と遠慮気味にきいた。放課時間になってからでいいと言ったのだが、校長は構いませんからと授業中の教室まで案内してくれた。

けさ臨時の全校朝礼を開き、優香が亡くなったことを知らせた。午後の葬儀には一年生全員と児童会役員が参加する、ということも校長は廊下を歩きながら教えてくれた。

一年生は一学級で、こどもたちは保育園からずっと一緒に過ごし、互いによく知っているという。

教室には三十人ほどのこどもたちがいた。窓側の一番後ろの机に、百合がガラス花瓶にぎっしりと活けられている。教室はかすかに百合の放つ甘い匂いがする。

「元気に帰ってきたら、と担任はずっと席を用意しておったのですよ」

校長が花瓶のある席を見ながら言った。

担任に促され教室の前に立った。なんだか変なヤツが来たなと好奇心を隠すことなく、こどもたちはじっとこっちを見た。

(こんにちは権田といいます。先生は、病院で優ちゃんといっしょに勉強をしていました。病院の中の学校では「ごんちゃん」と呼ばれています。)

挨拶をしてからカバンの中に手を突っ込み、A3の紙を四つ折にして上下を少し折り曲げてある封筒状の土産を取り出した。表紙にあたる部分に、毒々しいさそりの絵が描いてある。

「中にサソリの標本が入っています。優ちゃんは、このサソリが大好きでした」

何を言い出すのだ、この人は。呆気にとられている顔が幾つも見える。

「だれか開けてみないですか」

何人かの手が、おそるおそる上がった。

「標本というのは普通は死んでるんだけど、もし生きていて刺されたら病院行きです。それでもいいかな」

脅すと数本の手が引っ込んだ。それでも手を上げ続けている坊主頭の男の子を指名した。彼はうれしくはあるが俺はめちゃくちゃに緊張しているぞ、というような複雑な表情を浮かべ、そろりじわりと前に出てきた。そして差し出されたサソリの標本をゆっくりとひらいた。

「うわぁ!」

紙の中からバタバタと昆虫がはばたくような羽音がして、坊主頭はサソリを放り投げてドアの方に逃げた。つられて数人が悲鳴をあげた。後ろの方のこどもたちが席を立ち、前まで出て来て教室はざわついた。

「あ〜、違った、ごめんごめん」

放り投げられた紙と中身を拾って全員に見せた。こどもたちは一瞬静まり、それからどどっと笑った。

紙の中から出てきたのは、正方形に切った厚紙の真ん中をくり抜いて、そこに輪ゴムを通した五円玉が止められてあるだけのものだ。輪ゴムをひねっておくと、紙を開けた時にゴムのねじれが戻り、五円玉と紙がこすれて音が出る。不気味な表紙とその音に幻惑され、サソリが飛び出てくるような錯覚を引き起こすいたずら玩具だ。

仕掛けを説明すると、こどもたちは机を叩いたり教室を走ったりして喜んだ。校長先生は大笑いをし、担任の女性教師は険しい顔をしてこっちを睨んだ。

（葬儀の日なのに不謹慎だ、と怒っているのだろうなあ）

そう思ったが、こどもたちの要望で何度か別の子にもやらせた。中年の女性教師の顔が、どんどんと厳しい表情になっていく。

「優ちゃんは病院の中で、お医者さんや看護婦さんたちをこれを使って驚かしていました。大好きなおもちゃでした。でも、もうこれで遊ぶことができなくなりました」

しばらく騒いだあとでそう言うと、教室はしんとした。こどもたちはじっとこちらを見た。

健康であったなら、入院などしていなかったら、優香はこの子たちと一緒に山間の豊かな自然のなかで成長していったのだ。そう考えると、話そうと思って考えてきたことを言う気持ちが急速に萎えていった。

ご飯をたくさん食べて、いっぱい寝てください。どうでもいいような話をして、高野校長と教室を離れた。騒ぎだけを持ち込んで何も教師らしいことを言わずにいなくなった自分を、あの女教師はさぞかし怒っているだろう。

「結局のところ、どうしても伝えなければならないことなど、平凡な私たちにはたいしてありはしないのでしょうなあ」

見送りに立った玄関で高野校長が言った。旧知の先輩教師に言われているような気分になり、わたしは靴を履きかけたまますうしろを振り向き直立不動のような格好になった。

「そんな我々が、子どもたちの前に立つことが許される唯一のありようについて……」

校長はいちど言葉を区切った。

「はい」

「権田先生は、どう思われますか」

ずっと教師をやっていながら、こうした話題をいままで自分の学校の校長と交わしたことはないなあ。それはやはり不幸なことだよなあ、そう思いながら答えを探した。

「教師なんて何も分かりはしない、少々間の抜けた存在なのだ。いつもそう腹をすえていること、でしょうか」

「なかなか、いい答えですなあ」

額と目尻に何本も皺を出して表情を和らげ、すこし遅れて高野校長は野太い声を出して笑った。

「ちょっとだけ先に生まれたから、君たちの前に立つことになった。伝えるべきものや教えることなど自分はあまり持たないが、少しのあいだ一緒に過ごしてくれ、と」

高野校長はうんうんと頷いて、言葉を引き継いだ。

「それができなくなったとき、教師は競争をあおり、傷つけることのみ優れた、傲慢で無神経な、下衆のような存在に墜ちていくのでしょうなあ」

彼はおだやかな風貌に似合わず激しいことばを口にした。はい、まったくその通りだと思います。わたしは激しくうなずき、顔を小刻みに上下に振った。

廊下の方から、ごんちゃ～んと声がした。一年生のこどもたち十人ほどが、ばらばらドスドスと玄関に向かって走って来る。どうやら放課時間になったようだ。

「ああ、それからさっきのアレ。さそりの標本、もらえんですかな。あれは楽しい」

高野校長は話のケリをつけるように言った。玄関に到着したこどもたちも、ちょうだい、欲しいよお……と声を合わせた。

校長とこどもたちに見送られ、来た時とは別の運動場側の校門まで歩いた。校長を囲んだ数人の中のひとりが、（校長先生、うさぎ小屋はいつ直るの）と聞いた。彼は陽に焼けた顔をほころばして、（早くしないといけないねえ。プールの棚を直したら、すぐに取り掛からないといけないね）そう返事をした。

校長室に古びた木箱があり、鋸の柄がのぞいていた。おかしなものがあるなと思ったが、そうか、校長の年季の入った日焼けは、そういうことだったのか。

九月になったのに真夏のような陽射しだ。校門を出て少し歩いてから振り向くと、はげしく降り注ぐ光の中で校舎と運動場が色を失って見えた。影まで明るいその風景のまん中で、高野校長とこどもたちが手を振っている。

大きく手を振り返し、教えられた優香の家までの道をゆっくりと歩いた。


葬儀が終わりひと月ほどたった日、事務的ないくつかの手続きがあったので優香の自宅をもういちど訪ねることになった。

用件をすませると、聞くべきかどうか迷っていたことを思い切って口にした。

「ゆうちゃんは、訪問教育を受けてよかったのでしょうか」

ほんとうの病名を教えられるまえ、優香を叱ったことがある。彼女は悲しそうな顔をして口を閉ざした。そのことをずっと後悔している。国語や算数の勉強の他になにかもっとやるべきことはなかったのか、と考えるようになった。そんなことも正直に話した。

出棺のとき棺にしがみつき、自分も一緒に入ると叫んだお母さんも、この日はいくらか落ち着いた様子だった。彼女は質問には答えないで、遺影の下から二つ折りにした厚い紙を取り出した。

「先生には内緒で取り出しました。ずっと持っていることにしたんです」

それは優香が亡くなったときに作った、二学期の通知表だった。葬儀の始まる前にお父さんにお願いをして、棺の中に入れてもらったものだ。

「私ね、先生が書いてくださったこの『所見欄』のことば、とても好きなんです。今も毎日いちどは必ず読むんですよ。なんて書いたか覚えてますか」

「ええ、いちおうは」

「読んであげましょうか」

彼女はうれしそうに言った。

勘弁してください——。口まで出かかった言葉を言えずにいると、お母さんはかまわず声に出して読んだ。

「全部二重丸の満点通知表なんて、私だってもらったことありません。すごいでしょ」

読み終えると、彼女は通知表を自分の顔の前で広げてみせた。

「あの子は、授業を受けられなくなってからも（早く良くなって、権田先生と勉強したい）って言ってたんですよ」

「……………」

「死ぬ直前まで、ゆうは、生きて勉強をしたいと願っていました。授業を受けることは、あの子にとっては明日への希望でした」

お母さんは、去年の七夕の日に写したという浴衣姿の遺影の下に通知表を戻した。大きく引き伸ばされた写真のなかで、優香は正面をみて微笑んでいる。

「だから特別なことなんて、何もいらなかったんです」

「……………」

「ゆうは地元の小学校には行けませんでした。けれど学校には行くことができたと思っています。病院の中にあって週に三回だけの授業でしたが、訪問教育があの子の学校でした。国語や算数の勉強もできたし、大好きな音楽や図工もやれました。たとえ死が間近であっても、勉強ができて本当に良かったと思っています」

「はい……」

「病室から教室までの十五メートルほどの廊下が、あの子の通学路だったんです」

だいたい学校の先生が国語や算数の授業をやって良かったんだろうか、なんて悩んでどうするんですか。お母さんは口を押さえて、しばらくころころと笑った。

「ねえ、ゆう。権田先生、おかしいよねえ」

遺影にむかって昔と同じ呼び方で語りかけてから、お茶をかえますねと言って彼女は腰をあげた。

励ますべき自分が逆に慰められて、そうして話はおしまいになった。

愚かな質問であった。彼女にしてみれば（まだ他に、やるべきことがあったかもしれない）などと思うことは、娘の最期の数か月を後悔で塗り潰すようなものだ。限られた生を十分に生きた。後悔などなく、優香は幸せな人生を送ったのだ。そう思わなければ、彼女の悲しみはいっそう深いものになる。

「思慮の足りない男だ」

帰りの電車の中で、ふっと声に出た。

四人掛けの座席で、前に腰掛けていた二人連れの女子高校生が驚いて顔を見合わせた。それからこらえ切れずにクックックッと楽しそうな声を出した。気付かぬふりをして外に目を移すと、くねくねと蛇行しながら流れる川面がわずかに滲んでみえた。

十五メートルの通学路
四季のないその道を
あなたは　いったい
どんな思いで歩いたのでしょうか
落ちてゆく視力のなかで
なにをみていたのでしょうか

※本章の一部は財団法人北野生涯教育振興会発行『道』初出

# 迷惑な英会話

Ｋ病院は小児癌の治療をするこどもたちの入院が多い。県外からの受診者もいて、小児病棟はいつも満室だ。院内学級がないので、訪問教育を受ける生徒は途切れることがない。訪問教育を開始した時期も古く、在籍者の延べ人数は愛知県で最も多い病院だろう。

そのＫ病院でも初めてのケースが、関大介君だった。

「ごんだセンセ～イ、ちょっと待ってえ。待ってくださ～い」

授業を終えて学校に戻るためエレベーターを待っていると、うしろから大きな声で呼び止められた。山下看護師長が、手に持った数枚の紙切れをくるくると回しながら走ってくる。

「せんせ、ちょっと、あの、ご相談が」

彼女は荒い呼吸をしながら途切れとぎれにそう言うと、手に持っていた紙でパタパタと顔をあおいだ。

「外国の子なんですけど、入学できるんでしょうか」

「外国？」

「はい」

山下師長は申しわけなさそうな顔をした。

「外国ですかあ」

とっさに考えたのは授業を何語でやればいいのだ、ということだった。

訪問教育を担当する同僚は十二人いる。知性と慈愛にあふれ熱血教師道一直線・文部科学省推薦教員！　というようなヒトはあまりいなくて、ヘンテコな経歴を持つ人が多い。

飲み仲間の野田さんは、高校教師として着任した学校で数年間を過ごすと、県下有数の進学校であるそこを休職し海外青年協力隊に参加した。赴任地はネパール。町まで歩いて二日もかかる山の中だ。黒板もチョークも十分に揃っていない学校で、まず教師に数学を教えることから始まる活動は『ネパールの学校から』という本にまとめられている。それを読むと、野田さんのネパールでの暴れ具合がよくわかる。

日本に帰ると、高校教師はや〜めたと言って病弱養護学校に来た。自宅に工房を作り家具作りにも打ち込む。腕はプロ並みだ。ネパール人が被告になる裁判があると、通訳として呼び出される。生徒は敬愛を込めて「ネパさん」と呼ぶ。(ネパール語は大丈夫だ)

出身大学と赴任先の両方で野田さんの後輩になる独身男夏目は、高校から埋蔵文化センターに移り地面を黙々と掘り返してきた土方遺蹟発掘人だ。日本語より韓国語の文章の方がうまい、というもっぱらの評判だ。(韓国語もオーケーと)

美術の坂下は名古屋市が海外に派遣する青年芸術家に指名され、インドネシアに留学をしている。バリにアトリエがあるらしく、綺麗な女のヒトの絵を描き続け毎年名古屋で個展を開いている。インドネシア語のやりとりは普通にできるといっていた。(よおし、これでインドネシア語でもいいな)

寡黙な檀さんは社会科の教師で、やっぱり彼も高校からの転身組だ。外大出身でモンゴル語は県下の教師でもトップクラスの力量を持つ。(らしい。ただしそんなに多くモンゴル語を話すヒトはいないだろうから、その実力は未知数だがまあ話せることは間違いない。モンゴル語なら奴だな)

あと英語科の柴崎さんの英語は大丈夫と。(ときどき英語の先生で、英語があんまり大丈夫でないというオソロシイ人もいる)

脇元姉さんは中国語をずっと独学でやってるから（かろうじて中国語も可、と）。よおし。とりあえずネパール語・韓国語・インドネシア語・モンゴル語・中国語それに英語なら対応できるな。皆なかなかヤルではないか。

しかしこう並べると、英語以外はドイツ語とかフランス語とかイタリア語といったヨーロッパの国々の言語を話せる奴はいなくて、アジアの言語に堪能な奴が多いというのも何だかおもしろい現象だな……フ〜ム。

余計なことまで考えていると

「やはり、無理ですか。そうですよねえ、いいです。外来にはそう伝えます」

返事をするには長すぎる時間を黙り込んでしまったので、師長は手に持ったふにゃりと折れ曲がった紙でもういちど顔をあおぎながら言った。

「あっ、違うんです。入学についてはたとえ外国籍であっても問題ないと思います。ただ」

「ただ？」

「言葉が我々で対応できるか、と思って。えっと、その子はどこの国の子で何語を話すのでしょうか」

こんどは師長が目を瞬かせ、やや呆然とした。

手に持っていたふにゃり紙は、月ごとに出される入院費明細書のようである。月の初めになると、彼女は身体の周りにのんびりとした空気を漂わせつつそれを配る。母親たちは師長が病室に来ると、おしゃべりを続けてなかなか解放しなかった。きっと今もどこかの部屋で捕まっていたに違いない。

「すみません、先生。さっき二階から（訪問教育が受けられるか）という確認の電話が入ったところなんです。くわしいことはまだ何も分からないんですよお」

謝っているにしては、ぜんぜんすまなそうではない、ふんわりとした笑顔で言った。

K病院の小児科は、外来が二階にあり入院病棟は七階にある。医師以外のスタッフは独立しており、師長もそれぞれにいる。外来の師長から「訪問教育」について問い合わせがあったのだろう。

大丈夫とは言ったものの、具体的な手続きをどうするのかは知らない。お互いにもう少し詳しいことを確認しておきましょう、ということになり廊下での立ち話は終わった。

言葉の問題は杞憂におわった。関大介君、小学四年生。生まれと育ちはシンガポール。日本人の父と中国人の母を持つ。日常会話は英語だが、日本語と中国語も不自由なく話せるという。父親の希望で白血病の治療を日本で受けることにし、祖父が住む愛知県で入院先を探した。

会社を経営する父親は、受診したいくつかの病院の中からK病院を入院先に選んだ。治療方針を確認し手続きを済ますと、慌ただしくシンガポールに帰った。訪問教育という制度があることを伝えると、是非受けさせて欲しいと要望したという。

治療の予定期間は約十カ月で、その間はお母さんが病院近くにマンションを借りて付き添う。お母さんの日本語は片言で、わたしの英語はさらにその上をいくカタコトなので入学相談には大介が通訳として加わった。授業のすすめ方や方針を説明すると、大介は「ボクは、このような方針の下で勉強をするのだ」と担任の言葉を英語に訳して母親に伝えた。母親はうんうんと頷きながら、大介の話にじっと聞き入った。

う〜む、コレはなんだか少しおかしくないだろうか。そう思いつつ説明をすすめた。

転校手続きも師長が心配したような、やっかいなことはなかった。まず形式的に祖父の住居のある地区の小学校に籍を移す。その後に病弱養護学校に転籍することで問題なく終わった。

こうして大介は治療のかたわら、異国日本で訪問教育という特殊な形態の教育を受けることになる。担任が権田で週二回、坂下画伯が一回の授業を担当する。

大介の日本語はイントネーションがすこし変だが、それ以外はまったく問題ない。ほかの子と同じように授業をすればよかった。ただすこし変わったことといえば、大介の「感覚」だった。彼は日本で生まれ育ったこどもとは、物の見方や感じ方があきらかに異なっていた。

教師を何年もやっていると、こどもたちの気分を和らげる笑い話をいくつか持つようになる。わたしが持つひとつに「こどものころ、学校帰りの草むらで用を足した」という、悲しくも緊迫感溢れる物語がある。滑稽で人間の悲哀を感じさせ、そのうえ笑いもある。時代や学年を問わずウケる自慢の話なのだ。しかし大介には通用しなかった。

「急にしたくなったのなら、どこかの家で理由を言ってトイレを借りるべきだよ」

彼は薄い唇の端を片方だけ斜めに上げて、キッパリと言った。

「あのなあ、大介。昔の日本ではな、学校の帰り道に人の家でトイレを借りて大きい方をする、なんてことはな。男の名折れというようなことでな。分かるか（男の名折れ）って？　とても、できることじゃなかったんだ。そんなことをしたら確実に（カリ便）とかいうアダ名がついてな。（ガリ勉）じゃないぞ。卒業するまで確実にその汚名を着せられて、帰り道にからかわれながら歩くという、暗く悲しい人生が待っているんだ。そんなことができると思うか？」

わたしは懸命に話の背景を説明した。

「そんなに重大なことになるなら、学校でちゃんとしてくれればいいんだよ」

大介は冷ややかに言い放った。うむ。まあ、それはそうである。

陰気というのではないが、彼は日本で育った同年代の少年のように声を出して笑うことも少ない。

「先生は、テレビのお笑い番組を見るか」

彼が質問をするので、なぜそんなことを聞くのかと問い返した。

「何度見ても、ボクにはどこがおもしろいのかちっとも分からないんだ」

大介は不思議そうな顔をした。

将来なりたい職業は弁護士だったけれど、日本に来てからは医者もいいかなと迷っているんだ。まるで数か月先にどちらかを選択しなければならない、というような悩み深い顔をして語る。日本の小学四年生がそんなことを言うと、(言わされているなあ)と感じて痛々しい気分になる。けれど大介は「みんなの役に立つ仕事がしたいんだ」と気負うことなく話した。物言いは堂々とし、清々しい感じがした。

彼はそれまで出会った少年たちとは、あきらかに異なる感覚や思考回路を持っていた。そしてその感覚が、ふたつの出来事をひき起こした。

ひとつはわたしにとって大変迷惑なことで、もう一つは、ひとりの少女と数人の大人たちが救われた病室での小さな事件である。

「大介が日本語を喋れると思ってなかったから、だれが授業するんだって、先生たち職員室で騒いでたんだ」

授業後、トランプで遊びながらポロリと洩らしたことがある。

「先生は英語、苦手か」

ゲームの手を止めて、大介はいつものように自分の一番知りたいことをまっすぐ一直線に尋ねてきた。

「そうだ苦手だ。ナンカ文句アルカ」

どうも語尾が大介に似てくる。

「別に文句はないよ。ボクが、先生に英語のレッスンをしてあげようか」

迷惑千万なことをいう。坂下先生もレッスンをやるのかときいた。

「坂チンは、英語だいぶ喋れるからやる必要はないでしょ」

冷たく冷静に、しごくもっともなことを、大介は眼鏡の奥の切れ長の目を細めて言った。

翌週から授業が終わると、大介とわたしはそれまで座っていた場所をそっくり交替し、三十分ほどの英語レッスンが始まった。

はじめの頃は、鉛筆や犬や林檎の絵が描いてある手書きプリントが渡され、単語名を記せなどというものだった。いくらなんでもナメンナヨと思いつつ、それを提出した。しかし大介先生のレッスンはだんだんと難易度が高くなった。

「今日は、シンガポールの子どもたちの遊びについてお話ししましょう」

「今週、あなたが最も印象的だった出来事をくわしく話しなさい」

それらを早口（わたしにとっては）の英語でまくしたてる。タダでレッスンが受けられるから
まあ我慢するかと半分は納得していたが、次第におっくうになってきた。

今日は学校で会議があるんだ。急におなかが痛くてなってなあ、ホントだぜ。家の犬が熱があるかもしれないんだ。サボる日が続くと
「いつまでも逃げていては、人間は向上しない」

大介は眼鏡のまんなかを中指で押し上げ、無表情の顔をして早口英語で言った。

「えっ、あの、今なんて言ったの？」

彼は、にやっと笑ってからその日本語訳を口にした。

こうして、はなはだ迷惑な英会話レッスンは、大介の体調の悪い日や本当にすぐ学校へ戻らねばならない日を除いて退院の日まで続く。

苦手なことがあれば、努力してそれを克服すればいいではないか――。大介はそのような考え方をする。そりゃまあ、まったくその通りなのだが、小学四年生が毅然としてそうした態度をとるということに、かなり驚いてしまった。

我が家には大介と同い年の長男がいる。その長男や同級生を大勢見ていたので、大介と比べて

しまったのだ。

長男は小学校に入学すると、地域の少年野球クラブに入りたいと言い出した。一度様子を見てみよう、ということになり見学に行った。グラウンドには三十人ほどのこどもと、その半分くらいの大人たちがいた。

監督という人物は、腕組みをして椅子に座り練習を眺めていた。ときおりこどもを呼び付けて何事か訓示を垂れた。どの子も脱帽し、気をつけの姿勢で聞いた。最後に「ありがとうございました」と大声を出し、顔が膝まで届くのではないかというような礼をして元の場所に戻った。

こどもたちは、意味のよく分からないうなり声のようなものを叫び続けた。声が途切れたり、ミスをすると大人たちから罵声が飛ぶ。

練習が終わると、付き添っていた母親らしき人たちが大人たちに飲み物を配って歩いた。無言でグラウンド整備を始めたこどもたちの横で、監督とコーチらしき人たちが楽しそうに談笑していた。野球少年たちは、ちっとも楽しそうではないように見えた。

野球チームに入ることはあきらめろ。宣告をすると、長男は寂しそうな顔をした。仕方がないので、彼の友達たちを集めて『のびのび教室』なるものを始めたのだ。

最初のうちは月に一回の日曜日と、春夏冬の休み中に数日間ずつ開いていた。教室とはいっても、野球やサッカーをしたりキャンプに行ったり映画を見たりする、要はつるんで遊ぶところだ。数名だった参加者が、四年生になると女子を含め二十人を超えるくらいの人数に増えた。回数も増えて、月に二〜三回。長期の休みには一〜二週間ほど開くようになっていた。

名古屋市内の何箇所かを、グループごとに回って遊ぶ「名古屋探険」をやったことがある。午前九時に家を出て、午後三時に名古屋栄のテレビ塔に戻ってくる。ルールは三つ。

①楽しく遊んで　②怪我をしない　③時間どおりに戻ってくる

簡単なものだ。

三グループのうち、一つは時間通りに帰ってきた。だが残りの二つが帰ってこない。三十分……四十分とテレビ塔の下をウロウロしつつ、じりじりと待った。

事故が起きたらおじさんの携帯電話に連絡を入れる、という約束だったが四時を過ぎても電話はない。やはりリーダーには携帯電話を持たせるべきだったか。もう少し待って来なければ警察に連絡するしかないな。覚悟を決めた。

約束の時間から、一時間十五分ほど過ぎた。

「おじさん、来たよ！　きた。ほらっ、あそこ」

早くに到着していたこどもたちが叫んだ。

テレビ塔下の人工林の中を、敷石に沿いながらくねくねとうねりながら一列で走ってくるのはたしかに奴らだ。

「おじさ〜ん」

神妙な顔をしてるのもいるが、ニコニコと笑って手を振る奴もいる。

「シュンスケとトオルがさあ、東山動物園でいなくなっちゃったんだよ」

リーダーの恵一郎は、さすがにまずいと思っているのか深刻そうな顔をして事態を説明する。

「ちがうよ、みんながどこかに行っちゃったんじゃん」

すかさずシュンスケが言い返す。

「なに、いってんだよお。そっちだろ」

言い争う言葉が重なる。まったく、おまえら……。

「そうか。まあいいさ、みんな無事のようだからな。まあ、それが何よりだ」

叱りつける気力も失せ、げんなりしつつベンチまで歩きへたり込んだ。

各グループは同じ時間帯に同じ場所に行かない、そう決めていた。だが二人を探しているうちに、恵一郎のBグループは動物園を出る時間が遅れた。そこにCグループが到着し、BCグループ合同で見当らなくなった二人を探したのだという。

探したといっても、半ばはその「危機」を楽しみつつ遊んでいたのだ。長く教員をしていれば、それくらいの見当は付く。

ベンチから立ち上がれないでいると、一通りの弁明を終えた奴らはテレビ塔下の広場で遊び始めた。屋台でクレープやホットドッグを買って頬ばるのもいる。三時に全員が集合したら、テレビ塔に登ってから帰るという計画だった。だがもう四時半を過ぎた。

「おーい。ぼちぼち帰るぞ」

よろよろと立ち上がり、力なく集合をかけた。

「えーっ、テレビ塔は登らんの？　みんなで行くって約束したじゃん」

全員が声を合わせて、不平をのべる。

（お前らなあ、ほんとカンベンしてくれ。もうこんな教室、やめたい……）

泣きそうな気分で呟き、地下鉄と名鉄を乗り継ぎふらふらと家にたどりついたのだった。

『のびのび』のこどもたちは大介と比べると、これが同じ年齢の人類かと思ってしまうほど幼い。将来なりたい職業はなんだよ、と聞くと「お菓子屋！」「魚を釣る仕事だな」「タコ焼き屋もいいかも」などと好みの食物もしくは趣味方面で答える。ちょっと知恵がある子が「社長」だ。

「しゃ、社長かあ……。そうだなあ、まあ、なれたらいいよな」

愚問であった、すまなかった。詫びつつ、わたしは再びぐったりとするのである。

彼らは、大介のように医者か弁護士になってみんなの役にたちたい、などとは絶対に言わない。努力はするが、それは自分の好きな釣りや野球やサッカーが上手くなるためにするもので、苦手な勉強を一つ一つ克服していこうなどとはあまり思っていないのだ。

どうも話が横道にそれた。しかも大介と『のびのび』のこどもたちの優劣を嘆く、というようなことになってしまった。彼らの名誉のために、横道ついでにその後のことにも少し触れる。

彼らは五年生になると野球チーム『のびのびベアーズ』を結成した。

初めて参加した市の大会では、ヘルメットが足らなくなった。満塁になって四人、それに次打者の一人、合わせて五個あれば足りる。そう考え、お金もないので五個しか買わなかった。コーチボックスの二人の子どもにもヘルメットが必要ですよ、教えられたのは試合開始直前で、満塁になると打者のヘルメットが足らなくなり、そのたびに相手チームにヘルメットを借りに行った。

(なるべく満塁になりませんように)わたしは、試合の勝ち負けよりそのことを祈った。

少年野球では試合終了後、ホームベース前に整列をして勝敗の宣告を受ける。そのとき審判がよくチーム名を間違えた。

「おじさん、(ニコニコベアーズ)って言われたよ」

なんか闇の金融会社みたいだな。

「くそぉ、審判のオヤジ。(らんらんベアーズ)って言いやがった」

こっちはパンダかコアラの名前だ。

「やってられないよ。（のびたーず）だって。めっちゃ弱そうじゃん」

う〜む「ニコニコ」とか「らんらん」は、まあ間違えるかもしれないが、どうしたら「のびたーず」などというものに間違うことができるのだろう。首をひねりつつ考えたが、結局それはわからずじまいだった。

チーム名をしっかり覚えてもらえないという不満はあったが、彼らは六年生になると爆発的な力を発揮する。小さな大会の一・二回戦などは、32対0、26対0などというスコアで圧勝し、優勝旗も獲得した。

夏休みには愛知県学童選手権という、県下各地区の予選を勝ち抜いた三十六チームが出てくる県大会に市の代表チームとして出場することになった。

さすがに県大会となると強豪チームが多い。一回戦を4対2、二回戦5対3、接戦で勝ち上がる。三回戦7対0、準決勝を7対2で勝ち、あれれ、ホントかよ……と驚いているうちに彼らは愛知県大会の決勝戦に進出してしまった。

決戦の日、試合前に県の野球連盟の役員と雑談をした。

どこかのチームから、上手な子だけを引き抜いたのですか。コーチの姿が見当たらないが。試合中に「おじさん」と呼ばれていますが、あなたは監督ではないんですか。質問攻めにあった。

「コーチはいないんです。こどもたちが嫌だと言うので、大人はひとりです。メンバーは息子やその友達で、みな近所の子どもたちだけですよ。ずっと（おじさん）と呼ばれてきたので、だれも監督って言わないんですよ。ホント、どうもすみません」

炎天下に連日、審判や運営に携わってくれる人たちなので、質問には丁寧にこたえた。

「県下の何百というチームがこの決勝戦をめざして、低学年のうちから活動しているんですよ」

どうしてなのか分からないが、役員の中の数人が不愉快そうな顔を見せた。

決勝戦は5対7で負けた。表彰式終了後、役員の一人がベンチ裏で騒ぐこどもたちの所に来た。

「結成一年半で学童選手権の決勝進出は、たぶん初めてのことです。ここまで来たことは奇跡みたいなものです。それに野球を楽しむ姿がとても印象的だった。おめでとう。よくやった」

わたしはそれなりに感動して、オマエらちゃんと聞けよな、と声を張り上げた。だが彼らは西瓜や葡萄やアイスクリームを食べることに熱心で、ほとんどだれもその話を聞いていない。

「おじさん、夏休みはあと少しだから、何してあそぶ？　当分、野球はいいよね」

役員氏が去ると、彼らは口に含んだ西瓜の種を飛ばしながら残り少なくなった夏休みの心配をした。

「こらあ、西瓜の種をグラウンドに飛ばすんじゃやない！」

県大会の決勝戦後の感動などあまりなく、おじさんはふたたび声を張り上げたのである。

『のびのび』のこどもたちは、元気で陽気でのびやかな感覚を持ち、好きなことには力を集中する日本の田舎の少年だった。それが普通の少年だろう。漠然と思っていたわたしには、思慮深く沈着冷静で合理的な感覚を持つ大介とのあまりの違いに驚いたのだ。

大介が起こした、もうひとつの出来事とは――。

治療が順調にすすみ、入院も半年が過ぎ十二月になった。日本では寒くなると、お好み焼きというのを食べるのだ。話すと、大介は作ってみたいという。

ホットプレートと食器類を息子が保育園の時に使った布団運搬用の巨大な布袋に入れ、食材を保冷バッグに押し込み学校を出た。教室では少し狭いので、十畳ほどの広さがあるプレールームを借りてお好み焼きを作ることにした。

荷物を下ろして病室に向かった。大介は身体の大半が隠れてしまうような黒い合皮のエプロンをしてベッドに腰掛けていた。めずらしく顔中で笑っている。弾む足取りの大介を追うようにして病室を出て、女子の六人部屋に近付くと

「いや～っ、もう嫌っ！」

鋭く、いらついた悲鳴のような声が廊下まで響いた。前を歩いていた大介が立ち止まり、開け放たれたドアから中を覗いた。声の主は中学二年の涼子だった。三人の看護師が彼女のベッドを

囲んでいる。

「髪の毛、ないんだよ」

涼子は自分の頭に巻いた格子模様のバンダナを、右手で乱暴に摑んで引っ張った。数えられるのではないかと思うほどの細く少ない髪が、だらりと垂れ下がった。青白い頭の地肌が痛々しい。

「こんなの、やだよ……」

上半身を起こしたベッドの上で伸ばした自分の足先を見ながら、彼女はわずかに残った髪を指先に巻き付けるような仕草をした。小児病棟の大部屋はいつも騒々しい。だが尖らせた涼子の声に、ほかのこどもたちも押し黙り、しばらく静寂の時間が過ぎた。

「でも、これ、大切なお薬なんだよ」

ドアを背にした看護師が、ステンレス製のワゴンのバーを握り締めたまま口をひらいた。ワゴンの上には抗癌剤の入ったパックが乗っている。

「いくら大切でも、もう嫌なの」

涼子は大介と同じ白血病で入院をし、抗癌剤の投与を受けている。

数日間続くその治療は、食欲がなくなり倦怠感がひどくなる。最も苦しい日は海老のように身体を折り曲げ、吐くものがなくなってもまだ嘔吐感が続く。

苦しくつらい治療が終わると、こどもたちの顔に笑顔が戻る。そして授業を受けたり、おしゃべりをしたりという普段の生活が戻ってくる。だがしばらくすると、再び抗癌剤の投与が始まるのだ。

何度か治療を繰り返すうちに、副作用で髪の毛はすべて抜け落ちる。身体が苦しいのはなんとか耐えることができる。けれど朝起きて抜けた髪の毛で枕が黒くなっているのを見ると、なんで自分だけこんな病気になるんだろうって、それがいちばんつらい——。中学生の女子たちは、よく同じことを口にする。

「わたし、帰る」

すこし前に大声をあげたのが嘘であったかのように、涼子は穏やかに言ってベッドから降りた。そして壁に掛けてあるフラノのハーフコートに手を伸ばした。

「駄目だよ、帰ったらだめ。病気、治さないとだめ」

コートに触れた手を、三人の中では年かさの看護師が優しく上から押さえた。涼子は押さえられた腕を斜め下にゆっくりと振り看護師の手から逃れると、反対側の手でコートを摑んでそのまますると腕を通した。

ワゴンの看護師があわてた様子で病室を出て、様子に見入っている大介とわたしの間をすり抜け詰所に走った。

「お願い、涼ちゃん。頑張ろうよ。帰るなんて言わないで」

年かさの看護師が正面に立ってその動きを制しようとするが、涼子はテレビ台の上にあるロッカーの扉を開けジーンズを取り出した。ベッドに腰を下ろしパジャマの上からジーンズを穿き終えるのと、山下師長が部屋に到着するのは殆ど同時だった。

「涼子さん、何をしてるの」

師長がゆったりと声をかけたが、彼女はその言葉を無視して再びロッカーに手を伸ばした。

「みんな、やるのよ。あなただけじゃないわ」

「みんなやるなら、師長さんもやればいいじゃん」

ロッカーの中をごそごそとかき回しながら言った。

「やるわ。師長さんも病気になったら、ちゃんと治療するわ」

師長は涼子の背中に片手を置いて、ゆっくりと上下に撫でた。

「嘘つき……」

「嘘なんかつかないわ。やるわ。けど、今はあなたが病気なの。だからあなたがしなきゃ」

探していたのはマフラーだったようで、彼女はそれを首に巻いた。師長がマフラーを首から外そうとし、涼子がそれにあらがうようにいやいやをした。二人の身体が揉み合うような格好になった。

「だめ。苦しいけど我慢して。ねっ、お願い」

山下師長が両手に力を入れ涼子の身体をぐいっと抱きしめ、耳元で響きのある声を出した。涼子の身体の動きがわずかに鈍くなった。

「お父さんもお母さんも、あなたの病気が治って欲しいって、それだけを思って毎日を過ごしているのよ」

「……」

「ねっ、だから、お願い。やって頂戴」

師長は涼子の両手を握り、ベッドに座るように促した。

「どうせ、治らないんでしょ。わたし知ってるもん」

涼子はベッドに浅く腰掛けて、マフラーを自分の手で首からはずした。

「治らなければ、こんなに苦しい治療する必要ないでしょう。治るからやるのよ」

師長は遮るように答えた。

「わたし、死んでもいいの。だからもう、帰して……」

「涼ちゃん……」

言葉を探しだせない師長が、涼子の乱れた少ない髪を手櫛で解くようにして整えた。

成り行きを見守るだけで、何もできずに呆然と立ち尽くしていた一番年若の看護師が病室から飛び出してきた。

（この病院の看護婦さんはさあ、すぐ泣くんだよ。患者の前で泣くのは駄目だと思うなあ）

以前大介が口にした言葉を思い出した。（いや、それは違うぞ）言い返そうと思ったが、言葉にすれば面倒な会話になりそうなので口を閉ざしたことがある。

病室を飛び出した彼女は、どこかで泣いているのかもしれない。

大人たちが言葉を失ったとき、大介が床まで届きそうなエプロンをひざで蹴るようにして病室に入り涼子の前に立った。

「その薬ね、だんだん気持ち悪いの慣れるよ。全然なくなることはないけど、ゲボするのも減るよ。ボクもね、最初たくさん泣いた。でも今は泣かなくなった」

ベットに腰掛けうつむく涼子に、大介は淡々と語り掛けた。

「今からお好み焼き作るから、あとから持ってくる。今日ならまだ、食べられるでしょ」

抑揚の少ない日本語で大介は話す。涼子は俯いたまま口を開かない。

「ボクね、生まれて初めてお好焼きを作るんだ。けどがんばって真剣に作るから、涼ちゃんも一緒に食べようよ」

頑張って真剣に作るとは、如何にも彼らしい言い方だ。

「先生、作ろ。お好み」

大介が部屋の中から振り向き、廊下に木偶のように突っ立つ担任に声をかけた。

「あっ、うん。そうだな、ぼちぼち作るか。その方がいいよな。うん、そうするか」

「一番最初にできたのを持ってくるから、待ってて。絶対だよ。帰っちゃだめだよ」

不明瞭な返事をする教師のことばを最後まで聞かず、大介は涼子に念を押し、部屋を出てプレールームに向かった。

「お好み焼きだって、涼ちゃん」

「やったじゃん、わたしにも頂戴ね」

部屋の中から、師長と年長の看護師の声が聞こえた。

「大ちゃんも、同じ点滴やるの？」

プレールームで食材を出しながらたずねた。紙マスクをしたので、声が少しくぐもった。

「やるよ。あの薬、先生でも泣いちゃうと思うよ」

卵や小麦粉をテーブルの上に並べながら、マスク越しに大介は答えた。

「先生でも、泣いちゃうか」

「うん、ないちゃうよお」

「そうだな。きっと泣いてるな」

「絶対だよ。それより、早く作って涼ちゃんに持っていってあげないと」

そうだな。今はとにかくそれが一番だな。言われるままに、わたしは保冷バッグから食材を取り出した。

三十分ほどすると、ホットプレートで焼いたお好み焼きの匂いが、小児病棟に充満した。大介は一枚めが焼き上がると、皿に乗せて涼子の病室に持って行った。しばらくすると、手ぶらで帰ってきた。

「涼ちゃん、食べたよ。もっと食べるって」

大介は三角や四角や星型のお好みを焼いて、病室に何度か運び、自分も食べた。多めに持ってきた食材がすべてなくなった。

後片付けをしていると、涼子がプレールームに現われた。もうジーンズは穿いておらず、パジャマの上にカーディガンを羽織るいつもの病棟スタイルに戻っている。

「大ちゃん、権田先生。ありがとう。とってもおいしかった」

そう言って、小さな紙パックのジュースを二本差し出した。

「そうか。あんまり自信なかったけど。うまかったか」

「おいしかったよ、ホントに。大ちゃん、ありがとうね。星の形をしたお好み焼きなんて初めて」

涼子は笑って言うと、後片付けを手伝い大介にもう一度礼を言って病室に戻った。

大介はジュースを飲み終えると、「ああ、楽しかった」とあまり楽しそうな表情をしないで平板な声で言った。それから、こっちを向いてへっへっへっと薄気味悪く笑った。
「さぁ、先生。英語のレッスン。やるよお」
ええっ――、今日もやるのぉ。勘弁してくれぇ。のけぞるわたしに容赦なく大介は
「Just give me some homework, and be quick about it.」【いいから早く宿題を出しなさい】
冷たい視線を向け、いつもの早口英語で命令をした。

涼子は一日遅れて、抗癌剤の点滴治療を始めた。やがて緩解し退院をしていった。

大介は、治療のない日に何度か『のびのび』に参加して遊んだ。こどもたちはお母さんと英語をペラペラと交わす大介を見て「すっげえ……」と感嘆の声をあげて迎えた。

生まれて初めて野球をやった自分に、ホームランを打たせてくれた『のびのび』のこどもたちと遊んだ日のことを、大介は「日本に来て一番楽しい日だった」と作文に書いた。

予定通り、約十ヵ月で大介の治療は終わり帰国した。

今もときどきシンガポールから手紙をくれる。手紙は英文で書かれているが、もう一枚別の紙が入っている。そこには和訳が書いてある。生徒の英語力が伸びていないのを、先生はお見通しのようである。

# 決別タトゥ

「やっと、つかまえたあ」

権田先生電話です、ハラダとか言ってますけど。同僚にそう言われ手渡された受話器から、元気のいい声が聞こえてきた。

ハラダ？　誰だろう。声の主がすぐには思い浮かばず、職員室で電話を握りしめたまま考え込んでしまった。

「やだなあ、忘れたの。愛中でお世話になったハラダです。ナミエです」

戸惑うわたしを見透かすように、向こうの声はまた大きくなった。ナミエという名前とその声でようやく思い出した。原田奈美恵だ。

彼女は中学三年のほぼ一年間を愛中病院で過ごし、院内学級に通った。卒業式の翌日に退院し、高校には進まないで花屋の店員として働き始めた。二年ほどで花屋を辞め、祖父母と住む家を出た。そのあとは詳しい消息が分からなくなっていた。

数年前に開かれた愛中の同窓会で、名古屋で一番の歓楽街である錦三丁目のバーで働いているという噂話を聞いたが、それも確かなことではなかった。

「この前ね、学校まで行ったんだよ。そしたら、先生いなくて」

思い出されたことに安堵したのか、奈美恵はさっきよりは落ち着いた声になった。

「学校へ？　いつごろだ」

「ひと月くらい前かなあ。愛中の院内学級に電話したら（もうここにはいない）って言われて、それで学校まで会いに行ったのよ」

そういえばちょうどそれくらい前、訪問教育の授業を終えて学校に戻ると、若い女性の来客があったと教えられた。応対をした同僚に尋ねると、名前を聞いたけど（また来ますから……）と言って名乗らずに帰ってしまったということであった。

本校で学んだ生徒なら、たとえ昔の生徒であっても誰かが顔を知っている。だが分教室の生徒であった奈美恵の顔を知っている職員が、そのとき本校の職員室には一人もいなかった。

あの日、学校を訪れたのが奈美恵だったのだろう。留守にしていたことを詫びて、今どこで何をしているのだと聞いた。

「黙って花幸をやめて悪かったけど。あたしね、しばらく東京にいたの」

奈美恵は少し改まった口調になった。花幸というのは働いていた花屋の屋号だ。

「東京？」

「うん。飲み屋のオネーチャンしてた。お店が寮も用意してくれたから、そこに住んで」

そうか、そんなことになっていたのか。


中学三年を迎える春休みの深夜、ゲームセンターで遊んでいるときに奈美恵は倒れた。救急車で愛中病院に運ばれると、そのまま入院となった。「こんなに悪化する前になぜ病院に来ないのだ」主治医になった柳原先生は怒ったという。

入院が長くなると決まり、別居している母親に連れられ入学相談を受けるため彼女は教室に来た。眉を短く揃え、長い髪を無造作にくるりと頭のうしろでまとめている。他の女子生徒より頭半分背が高い。椅子をすすめると、ドスンというかんじで尻を落として足をまっすぐ前に投げ出した。

背が高くて綺麗ですねえ……。担任になるTさんが思わず口にしてしまった。初対面の生徒の容貌について触れるのは、たとえ同性からの誉め言葉であっても不用意なことだ。だがTさんがそう言ってしまうのも無理がないほど、彼女は整った容姿をしていた。母親も長身で美しい人だ。院内学級の説明を受ける間、彼女はまったく口を開かなかった。視線を合わせることもない。こころのずっと奥の方から間断なく吹き出す怒りのような感情を持て余し、それを制御するすべを持たない思春期特有の暗く悲しい目をした少女だった。

転校手続きが終了しても、しばらくの間奈美恵は院内学級には来なかった。

当時、愛中の院内学級は、中央棟とよばれる五階建ての建物の屋上にプレハブを建てて教室として使っていた。入学者が増えるにつれプレハブ校舎は横に増築され、横に延ばせなくなるとL字形に増やした。

教室のある中央棟の屋上は、北棟と南棟をつなぐ屋上通路になっている。通路といっても病院職員が通るだけなので、そこは院内学級専用のあそび場のようなものだ。放課になると、こどもたちは競って教室から外に出た。小児病棟は北棟の六階にあるので、教室とはちょうど同じ高さになる。

その日、大東とわたしはそれぞれの仕事が終わったので、屋上通路に丸椅子を持ち出し珈琲を入れて夕闇の迫り始めた景色をぼんやりと眺めていた。大東の吐く煙草の煙のむこうに、道路沿いに並んだ飲食店の看板の灯がぽつぽつと点き始めているのがみえる。

「煙草、一本くれないかな」

うしろから声がした。振り向くと奈美恵が長い手を大東に伸ばしている。彼女は酒にも煙草にもすでに十分馴染んでいる、という話を柳原医師から聞いていた。

大東は吸いかけの煙草にむせて、ごほごほと咳をした。そしてちょっと困ったような顔をしてこっちをみた。だがわたしは煙草を吸わない。あきらめて奈美恵の方に顔を向けた。

「別に煙草の一本くらいやってもいいけどな。いちおう俺も先生なんでな。ここでお前に煙草をやるとな、困ったことになるんだ」

彼は、手刀を首に当ててトントンと叩いた。

「えっー。キミたち、先生だったの」

驚いたような顔を作って奈美恵は笑った。

「おう、一応な。教師だ」

大東が、なぜだか恥ずかしそうにこたえた。

「そうは、見えんけどなあ……」

彼女は語尾をのばして言うと、大東とわたしの顔を交互にまじまじと見た。

「そうなんだよなあ、よく言われるんだ。なんでだろ……」

丸椅子に腰掛けたまま、わたしは口を挟んだ。

「なんでって……」

奈美恵は今度は冗談ではなく、本当に驚いたような表情になった。

「わかんないの？」

「ああ。なんでだ？」

真剣にたずねたので、彼女は堪え切れないようにひくひくと笑いだした。声は次第に大きくなり、やがて両手を叩きながら（なんでだろ、だって。あっははははは）小児病棟まで届きそうな声になった。

せっかく来たんだから少し話していけ、大東がそう言って教室から丸椅子をひとつ持ってきた。

「ありがとう。センセッ」

ようやく笑い止んだ彼女は、最後のところを強調しながら言って素直に座った。

いつから煙草を吸い出したのだ。病院でも吸っているのか。酒はどれくらい飲む？　お父さんやお母さんは病院に来てくれるのか。洗濯物は溜まってないか。我々は次々に質問を浴びせた。いやがる素振りも見せず、彼女は丁寧にこたえた。

それから三人でポーカーをした。珈琲は駄目だからな、といって大東がお茶を入れた。奈美恵は（ありがとう、先生）と言って、ぺこりと頭を下げた。入学相談の日に見せた鋭く挑むような表情とはずいぶんと違う穏やかな顔であった。

ポーカーは大東が負けることが多く、賭けに使うおもちゃのコインは彼の手元からどんどん減っていく。

「おまえね、センセイに勝つなんて、フトイよ」

大東が後ろでまとめた長い髪を震わせていきり立つたびに、奈美恵はふわりふわりと笑った。

なんだかしみじみとのんびりした時間だった。

「さあ、ぼちぼち帰らないとな」

あたりを夕闇が包み、教室から漏れる蛍光灯の明かりだけではカードも読みにくくなっていた。

大東の言葉に顔を上げると、いつのまにか道路沿いの飲食店の灯も殆どがついている。

「うん。またお説教喰らうから、そろそろ帰ろうかな」

奈美恵は北棟の小児病棟の方に目を向けた。病室の白い光の下で、思いおもいに過ごすこどもたちの姿が見える。

「そうだな、もう帰ったほうがいいな。また遊びに来い」

口に出してから（生徒にむかって言う言葉にしてはおかしいかな）とおもった。

「ああ、そうしろ。授業がいやなら、授業後に来ればいい」

大東が同じことを言う。彼女は丸椅子から立ち上がり、首をわずかに縦に振ると遅れて小さく「うん」と返事をした。

「ああ、それからな。看護婦さんになんか言われたら、先生たちに叱られていたと言っておけ」

屋上通路を歩きだした奈美恵の背中に、大東が声をかけた。

「うん、そうする。ありがとう」

薄闇の中から、声だけが返ってきた。


夕闇のポーカーの日から何日かたって、奈美恵は院内学級の授業に出てくるようになった。遅く来たり早く帰ったり、授業中ふいと席を立ち病棟に帰ってしまったりと、気ままな登校であった。それでも教室にいる時間は、だんだんと長くなっていった。

そのころ院内学級に、中学一年で体重が百三十キロある藤田という生徒がいた。肥満の治療のため、厳しい食事制限を受けている。

看護師さんたちがおやつをワゴンに乗せて配り歩く三時になると、奈美恵は病棟から彼を連れ出した。藤田には、おやつがない。彼女は自分もおやつを食べずに、教室前の通路で藤田に走ることを命じたり縄跳びをやらせたりした。両親の離婚と同時に別れて住むことになった弟が、藤田と同じ年だった。

愛中では年に一度、遠足に行く。どこに行くか「集会」で相談をしていると、北原という中学三年の男子生徒が「藤田がいるから、中学生はおやつを持って行くのはやめよう」と言い出した。

異論は出ずその通りになった。

遠足が終わりしばらくして、奈美恵は北原と摑み合いの喧嘩をした。

「てめえ、ぶっ殺してやる」

奈美恵の怒声のあと、机や椅子が倒れるような音がプレハブ教室に連続して響いた。Tさんの「やめなさい」と叫ぶ声が聞こえる。

中学生の教室に走ると、奈美恵は間に入った大東の肩越しに長い腕を伸ばし、まだ北原に摑みかかろうとしていた。顔面は蒼白で、目が吊り上がっている。

二人を引き離してそれぞれに事情を聞いたが、どちらも口を閉ざし理由を言わない。北原は優等生というのではなかったが、礼儀正しい生徒である。勉強も普通にやり、特に問題を起こすこともない目立たぬ生徒だ。奈美恵の怒りがどこにあるのか、我々にはさっぱりわからなかった。


やがて卒業の季節がやってきた。数日後が卒業式という三月の寒い日。夜になって奈美恵はふらりと教室に来た。大東とわたしが残っていると、彼女はよく教室にやってきた。

その夜、大東が北原との諍いの原因を聞いた。

「もう卒業だし、今なら告げ口にはならないよな」

そう言ってから、奈美恵はことの顚末を話してくれた。

北原は食事制限を受けている藤田から金を受け取り、隠れて菓子やパンを買ってきて渡していた。渡された金の半分ほどは、手数料として自分のものにしていたという。

嘘だろう、あいつがそんなことをするはずがない。にわかには信じられない話だった。

「まあ、信じなくてもいいけどさ。本当のことだよ。いい子ぶってたけど、アイツ陰では別のことをしてたんだ」

医師と教員が月に一回集まって開く会議で（藤田君は、体重がもう少し減ってもいいんですが……）主治医が怪訝そうに語ったことがあった。

「内申があるからだよ。先生たちの前では、いい奴にならないと駄目じゃん。あたしも、気付くのが遅れたからいけないんだけど。あいつがやったのは一回や二回じゃないよ。藤田に白状させたもん」

「一回や二回じゃないって、じゃあ何回くらいあったんだ」

大東が聞いたが、奈美恵はそれには答えなかった。

「あたしね、あのあと北原を呼び出したんだ。今度やったら、全部先生たちにバラすぞって。そしたらビビりまくって（もうしません、もうしません）て真っ青な顔してやがるの。アイツ入院が長いって決まってたから、院内学級で内申もらわなきゃいけないでしょ。先生たちには、絶対知られたくないことだもん」

どうやら間違いない話のようである。

愛知県では公立高校受験の際に、通知表の評点の合計が合否判定の比重の約半分を占める。(二〇〇四年春から一部変更)九教科でオール五の生徒は四十五点、オール三なら二十七点が入試の点数に加算され合否が決まる。もちろん院内学級の内申書も同様に扱う。中学校からの高校への推薦制度もあるので、教師の前の顔が普段とまったく異なるという生徒がいることは確かなことだ。

県内のある中学校の音楽祭を見にいったことがある。体育館は、父母や見学者でぎっしり満員になっていた。

各学年八クラスが、学年別の覇者と学校全体の最優秀賞をめざす。指揮も伴奏も生徒が行い、教師はまったく姿を現さない。教育実践としては、それなりに優れた取り組みのようだ。

一年、二年とすすみ三年生の番になった。さすがに三年生の合唱はどのクラスもうまい。けれどもわたしは次第に気分が重くなってきていた。合唱の前に、ひとりの生徒がクラスの代表として口上を述べる。三年生は、それがみな同じ内容なのだ。

「担任の〇〇先生のお力で、僕らのクラスは熱く団結できたんです」

「理想の教師、××先生のおかげでクラスがまとまり、そして合唱練習に燃えました」

「この歌を、尊敬する担任の△△先生に捧げます」

生徒達は美しいコトバを並べ、アナウンサーのような淀みない口調で担任教師を褒め称えた。この学校の担任教師たちは、人前で生徒にこんなことを言わせて平気なのだろうか。合唱祭は毎年行われている。事前に（そういう人を馬鹿にするようなことを言ってはいけないよ。あんまり先生を舐めるんじゃないよ）ぐらいのことをなぜ伝えておかないのだろう。

八人の代表口上人のうち、ひとりの女子生徒だけが担任のことに触れなかった。彼女は、クラスの練習はちっともすすまず今日を迎えるのが不安であった、と自分の言葉で素直に語った。

君は今、とても真っ当なことをしているのだ。愚かで醜い忠誠競争の中になど、入らなくていいんだ。いや絶対に入ったら駄目だ。その日わたしは妙に力みながら、女子生徒と、彼女につまらぬことを言わせなかった担任教師と、そのクラスの合唱を応援した。下手というほどではなかったが、女子生徒の学級は学年の三位までには入らなかった。

（いいんだ。君たちのクラスの歌声が一番だ）

憤慨しつつ、表彰式を最後まで見ないで熱気溢れる体育館を出た。

だが考えてみれば、内申書を意識して別の顔を見せていた北原を見抜くことができなかった院内学級の教師だって、合唱中学の教師たちと変わらないではないか。

奈美恵は、黙り込んでしまった我々に厳しい言葉を投げることもなく、遅くまで教室で喋っていった。

「大東先生、ごんちゃん。一年間ありがとうございました。入院はいやだったけど、あたし、この院内学級は好きだったよ」

珍しく丁寧な言葉でそう言い、彼女は夜の教室を出て闇の中を病棟に戻った。

その夜が、奈美恵とゆっくりと話した最後の日だった。


「ごんちゃん、ねえ、ちゃんと聞いてるの」

受話器から奈美恵の声がきこえた。

「ああ、聞いてる」

「相談したいことがあるんだ。できたら会いたいんだけど」

空いている日を伝えると、金曜日の七時。名古屋の今池にある千種郵便局の前。時間と場所を指定して彼女は電話を切った。

約束の日、時間を十分ほど過ぎてから奈美恵は現われた。白いブラウスにベージュのパンツとジャケット。ありふれた格好だが、すれ違う人たちがじっと視線を注ぐほど美しい大人の女になっている。

「おまえ、また、でかくなったか」

ヒールの高い靴を履いているが、そのせいだけでなく身長もあきらかに中学時代よりも高くなっている。

「もうっ。久しぶりに会ったのに、化け物みたいに言わないでよ」

奈美恵は腕組みをして笑った。千種郵便局を南にすこし歩いた喫茶店に入ると、彼女は慣れた様子でドーナツとコーヒーを注文した。

花幸を辞めてから、歳をごまかして名古屋のスナックやクラブで働いた。何度か店を移り、東京に行き同じような店で仕事をした。一年半ほど前に名古屋に戻り、今はスナックで働いている。そのようなことを、ドーナツを食べながらゆっくりと喋った。

先生は昔と変わってないね。話が途切れたあと、奈美恵は空になった珈琲カップを皿の上でくるくると器用に回しながら言った。そして、今から店に来てくれるかと続けた。

相談ごとというのは、飲みながらでないと話しにくいのかもしれない。それに経営者にも会ってみたい。そう思い、彼女の働く店に行くことにした。

名古屋有数の飲み屋街から少し外れた場所の、六階建てビルの三階に店はあった。ビル全体が同じような飲食店になっている。

羽をひろげた銀色の蝶が描かれた木目調のドアを開けると、すでに女性がひとり来ておりカウンターの中で氷の固まりをアイスピックを使ってすばやく器用に割っている。

「おはようございます、ママ」

動かす手を止めないで彼女が挨拶をした。

「ママって、おまえママなのか」

奈美恵はカウンターのいちばん隅の椅子を引いて、先生はここに座ってと言った。

「いちおうね。雇われじゃなくて、自分の店なの。初めて持ったんだけど」

十人がゆったりと座れそうなカウンターに、ボックス席が三つある。飲み屋街から外れているとはいえ、名古屋の真ん中でこれだけの広さがあれば決して狭くはない。

「そうか。凄いじゃないか」

こっちの声も弾んで大きくなった。

「ちょっと準備するから。先生、ビールでしょ」

奈美恵はビールとコップを出すと、しばらくカウンターの隅にある暖簾で仕切った厨房に入った。すごいじゃないか。わたしはもう一度同じことを言った。

「まだわかんないよ。今のところは、なんとかやってるけどさあ」

厨房の中から声だけが返ってきた。黙っていたのは、誇らしげな気持ちがあるからだろう。そうした気分がわかり、なんだかとてもうれしくなった。

開店は八時からで、時間前に若い女性が三人入ってきた。こっちを向いて丁寧な挨拶をした。店は繁盛していた。数人連れの客が次々に入ってくる。奈美恵は新しい客が来ると、手慣れた様子で言葉を交わした。

名古屋に戻ってから働いていた店を辞める時、同じ店の女性たち三人が次々にやめると言い出した。お前が唆したのかと凄まれ、経営者とトラブルになった。雇われるのはもういやだと思い、貯めていた貯金をはたいてこの店の権利を買った。三人はこの店で働いている。知られたら嫌がらせをされるかもしれない。そのようなことを彼女は横に座って話した。途中で何度も席を立ったが、戻ると途切れた話の続きからきちんと話した。

客の出入りが激しくなり、しばらく奈美恵は忙しく店の中を行き来した。どこの席でも彼女が来るとドハドハと笑い声が陽気に大きくなる。

カウンターにいた三人連れの客が、ママお勘定をしてくれと少し怒ったような声を出した。どうやら奈美恵があまり相手をしないので、不貞腐れたようである。

奈美恵はボックス席をゆっくりと離れると、三人組の後ろに立って声を荒げた男の腕に両手を絡みつけて何事か話した。中年男はだらしなく満面に笑みを浮かべた。しばらく彼らと話し、のりちゃんチェックお願いねとカウンターの中に声をかけた。

たいしたものではないか。偉いよ、おまえは本当に。ビールと水割りを飲み続け、全身に酔いが回ってくるのを感じながら、彼女の働く姿を見ていた。

機嫌をよくした中年三人組を店のドアの外に送り出すと、奈美恵はまた横に座った。

「院内学級にいたころさあ、ごんちゃんはいつも（仲間と共に）って言ってたよね。憶えてる？」

頬と目の下が桃色に染まっている。どうやらすこし酔っているようだ。

「ああ、おぼえているさ」

「あたしね、何を言ってんだって、思ってたのよ」

「………」

「そんな恥ずかしい言葉、よく使えるなあって」

恥ずかしいコトバか。そうかもしれんなあ。返事をかえせず、作ってくれた水割りを黙って飲み干した。

「ごんちゃんはね、考えがゆるすぎるのよぉ」

奈美恵は新しい水割りを作りながら、語尾をのばした。そして水割りをカウンターの上にすこんと音を立てて置くと、着ていたジャケットを脱いで椅子の背にかけた。

それからためらう様子も見せず、すっとブラウスのボタンを外しはじめた。呆気にとられ見ていると、ボタンをすべて外して右手でブラウスの左側を大きくめくった。

胸を覆う下着が剥き出しになった。酔っている頭のいちばん隅っこの方で、辛うじて残っている冷静な自分が驚き、ううううっと喉の奥で唸った。

左の肩から背中にかけて、大きな蝶の刺青が彫られている。

「少しずつ入れてもらったの。綺麗でしょ」

奈美恵は背中をこっちに向け、屈託のない調子で言った。ざわざわと酒場らしい喧騒があったのに、あちこちの話し声が小さくなり、店の中にいるほとんど全員の目が彼女の背中に注がれた。

「凄いの入れてるなあ、ママ」

ボックス席にいた男が声をかけた。彼女はそっちを見ながら微笑んだ。

「先生が思ってるほど、大変なことじゃないのよ」

あまりの絶句仰天顔に、奈美恵は弁解するように言った。確かに今の若者は割合簡単に身体に刺青をいれる。だがそれは比較的小さなものだ。おまえの蝶は、でかすぎるじゃないか。

「分かったから、はやくシャツを着ろ。下着が見えてる。みんな見てるぞ」

呆然としつつ苦しい息を吐き、椅子に掛けられたジャケットを摑んで差し出した。

「うふふ、たまにはサービスしないと」

悪戯ぽい笑顔をみせて、奈美恵はゆっくりとブラウスのボタンをはめた。昔もよくこんな顔をしたことがあった。あれは、どういう時だったのだろうか。

どうしてそんなものを彫ったのだろう。なんとなく分かるような気もしたが、よく考えると、ちっとも分からないことであった。相談したいことがあると言っていたが、いったいなんなのだ。そのことも考えたが、何もわからなかった。

店に喧騒が戻り、ボックス席の男たちがしきりに奈美恵を呼んだ。

「少し、行って来るね」

椅子から立ち上がると、彼女はカウンターの中の女性に（のりちゃん先生お願いね）と声をかけた。

「ママ、すごく楽しそう。それにめずらしく酔ってるみたい」

のりちゃんと呼ばれた女の子が前に立ち、ボックス席を見ながら言った。やりとりを聞いていたようである。

「きょうは大事な人が来るから休まないでねって、何日も前から言ってたんですよ」

「ん？」

「だれかが休むと、先生の相手ができなくなるからですよ」

そうか。そんなふうに思っていてくれたのか。

「私たち、ママに救われたんです」

彼女はカウンターの下で、溜まったコップやアイスボックスを洗い始めた。

「ん？」

「色々です、いろいろ」

「んっ？」

「あんまり喋ると、ママに怒られるから」

のりちゃんはそれ以上は話さず、「センセ、歌うたってくださいよお」と洗い物をしながら甘えた声を出した。俺は学校以外で歌をうたったことはない。それにキミの先生ではないぞ。そう言うと、のりちゃんはちょっと困った顔をした。


混雑した店も十二時を過ぎると客が減り始め、一時前にはカウンターにいる二組とわたしだけになっていた。

疲れているのか、奈美恵はカウンターに突っ伏して、少し前から居眠りを始めている。のりちゃんが来て、ママがお店で寝るなんて初めてです……と驚いた顔をした。

蝶が舞う方の肩をゆっくりと揺らすと顔をあげた。大人の女だった顔が、そのとき一瞬だけ記憶の中にある中学生時代の表情に戻ったようにみえた。

「ぼちぼち、帰るぞ」

奈美恵は、あたりを見回してから腕時計を見た。

「もう遅いもんね……」

経営者の顔に戻り、彼女は時計を見たまま口のなかで呟いた。

財布を出して、呑み代をたずねた。

「今日はいらない。次からたくさん貰うから、また来て」

教え子の店でただ飲みはできんぞ、そういって適当に握った札を強引に渡そうとした。

「いいの。今日はいいの」

奈美恵は、金を摑んだ手を両手で押し戻した。

のりちゃんがタクシーを呼びますか、と聞いた。下で拾うからいいわ、奈美恵はそう言って、わたしの左腕に両手を絡ませた。そうして、呑み代の話は終了になってしまった。

のりちゃんがドアを開け、エレベーターの前まで送ってくれた。

「お前さあ。のりちゃん達のことはどうなんだよ」

エレベーターを下り、ビルを出たところで言った。

「なに？」

「言ってたぞ、助けてもらったって」

「あのヤロー。おしゃべりな奴だ」

「おまえだって、けっこう甘ちゃんじゃないのか」

あたしのとごんちゃんのは全然違いますぅ……。奈美恵は唇を丸く尖らせ、それから舌をペロリと出した。通りに出ると、彼女は流れるヘッドライトの中から空車のタクシーを見つけようとした。タクシーはなかなかやって来なかった。

「あたしさ、ホントは東京でね、フーゾクで働いてたんだ」

楽しい夜の最後になって、酔いが急速に醒めていくようなことを、こともなげにというかんじで奈美恵は言った。流れる車列の方に身体を半身に向け肩までの髪にもさえぎられて、どんな表情をしているのかはわからない。酔った響きはなかった。

「フーゾクって……。えっと、あの……」

「男たちの相手してた。お金欲しくて。ずっとじゃないよ、一年ちょっと」

「……」

「身体を売ったわけじゃないの。ＳＭクラブって分かる？」

奈美恵は身体を踊らせるようにくるりと回転させてこちらを向くと、顔をぐいと近付けた。

「ああ、なんとなくわかるけど」

動揺しながらかろうじて答えた。

「そこでね。働いてたの。結構人気あって、大阪や福岡から会いにくる人もいたよ」

「……」

「飲み屋のオネーチャンよりずっといいお金になるの。けど、もうやらない」

ＳＭクラブの仕事というのが具体的にどのようなことをするのかは知らないが、そうした性欲を持つ男に、仕事として付き合うのだから気分のいいことばかりではないのだろう。

「蝶を彫り終わった時に、その仕事辞めたの。もうここには戻らないぞって」

「そうか」

「ねっ、だからあたしは甘ちゃんなんかじゃないよ」

奈美恵は振り向いて、わたしの腕を両手で抱き抱えるようにして摑んだ。

「そうか……。そうだな」

この子は、俺なんかのまったく知らない厳しい世界をひとりで生きてきたのだ。そして、これからも平坦ではない道を歩んでゆくのかもしれない。この子が幸福であると実感できる日が、長くずっとずっと続けばいい。美しい横顔を見ながらそう願った。

「うん、そうだよ」

彼女は両手に力を込めた。手を上げていないのにタクシーが止まりドアを開けた。もう少し話していたいと思ったが、タクシーに乗ることにした。

「おまえ、相談があるって言ってたけど」

後部座席に腰をおろし、ドアを手で押さえて言った。

「相談？　ああ、学校に電話した時ね。ないわよ、そんなの。お店に来てもらいたかっただけ」

「本当か」

「ほんとよ、何にもないわ。今は、店を軌道にのせてちゃんとしたいだけ。それ以外に悩みなんてなんにもないわ」

「そうか……。ならいいが。あんまり飲み過ぎるな」

「うん、気をつける」

奈美恵は目をふわりと細めた。そしてすぐに、あっいけない名刺を渡してなかった、と言って手に持った桃色のポーチの中から名刺入れを出し、そこから一枚を抜き取った。渡された名刺には、別の名前が記されている。店の中でなんどか本名を口にした。まずかったかな、名刺を見ながらふとそう思った。

運転手が、もういいですかと怒りを含んだ声を出した。奈美恵はビルと店の名前を両方言って、如才なく謝った。

「ごんちゃん。今日は、ありがとう」

彼女は中学時代の最後の夜と同じように、ゆっくりとおだやかに言った。

「いや、ご馳走になってしまって」

もごもごと口を動かし言葉を探していると、ドアがごんっと閉まった。

車が動きだした。振り向くと、奈美恵が弧を描くようにしてポーチを振っている。早く店に戻れ。いつまでも手を振ることなんてない。そう思いつつ奈美恵の姿が闇のなかに消えるまで、わたしは懸命にその姿を見続けた。

# 転校生

龍太郎は六歳の時の事故がもとで、首から下が麻痺した。人工呼吸器を装着し、必要な栄養は鼻に管を通してそこから液体として入る。口に入れることができるのは、水かジュース、具のないスープくらいである。病室は看護師詰所のすぐ前にあり、ドアは開けられている。体調の急変があっても、彼には看護師を呼ぶためのボタンを押すこともできない。いつでも様子が見られるようにと、そうされているのだ。

朝の「食事」が終わると、テレビを見たり窓から見える外の景色を眺めたりする。景色といっても龍太郎のベッドの位置から見えるのは、古びたコンクリート作りの看護学生寮と、代わり映えのしない空の色くらいである。

病院の横を護岸工事を施された川が流れている。河幅は十メートルもない。綺麗とはいえない川だが、ザリガニや小魚を狙って白い羽を不器用にばたつかせ小鷺が舞い降りることがある。頭の後ろに冠羽があるその鳥を、龍太郎は（見てみたい）と言った。ベッドの上半身部分を起こしても、すぐ下を走る川は見ることが出来ない。学校からビデオカメラを持ってきて姿をとらえようとしたが、そんな日に限って小鷺はやって来なかった。

変化の少ない景色を見ることに飽きると、開けられたドアの方に顔を向け廊下の様子をうかがう。忙しく行き来する医師や看護師、それに入院するこどもたちが、駈けたりあるいはゆったりと歩く。廊下側も毎日変わらぬ光景が繰り返される。

「あのね、先生。僕、足音でだれだか分かるんだよ。お父さんはコツコツって来るの。宮下先生はペタペタって歩いてくるんだ」

宮下先生は、龍太郎の大好きな医師だ。

「そうか、すごいなぁ。誰でも分かるの」

「うん、だいたいわかるよ」

「じゃ、権田先生は？」

「最初はわからんかったよ。けど今は分かる。先生ね、ドンドンて来るの。音、大きいよ。だからね、分かる」

授業で病室を訪れた何度めかの日、窓に顔を向けながら

「ごんだ先生だ」

と龍太郎が言ったことがある。不思議に感じたが、そういうことであったか。

午後一時からの授業は三時に終わる。ちょうどその時間から面会時間が始まるので、廊下が騒がしくなる。自分に会いに来る人でなくとも、それは楽しい時間だ。

「いま、通ったでしょ。あの人ね、コウちゃんのおばさん。いつもジュースくれるよ。それから、廊下でよく大きな声を出してる子いるでしょ。あの子ね、隣の部屋のタカシ君の弟。ヨシロウ君ていうの」

窓から見える四角い景色。開けられたドアから知る廊下での出来事。そして病室。それが龍太郎の世界のすべてだった。


龍太郎は小学校入学を病院訪問教育で迎えた。彼が二年生のとき、担任になった。

本校から一時間ほど車を走らせると、彼のいる病院に到着する。田園に囲まれた広い駐車場に車を停め、トランクから授業用の教材を入れたリュックサックを出して病棟に向かう。中には教科書のほかに絵本、ビデオテープ、ピアニカ、双六、トランプや色鉛筆それに画用紙が入っている。季節によって、学校の畑で取れた薩摩芋や苺、バッタ、カブト虫の幼虫、色の美しい落葉、タッパーに詰めた雪などが入っている。

病室に着くとベッドの下にあるハンドルを回し、上半身部分を少し起こす。それからテーブルの上に、持ってきた物をひとつずつ取り出す。

「先生のかばん、サンタクロースの袋みたいだね」

龍太郎はリュックが膨らんでいると、うれしそうな表情を浮かべる。なんの変哲もないそれらの物も、彼にとっては久しく見ることがなかったか、初めて目にするものなのだ。

足元にホワイトボードを置く。黒板のかわりだ。壁に掛けてある一度も背負われたことのないランドセルから、教科書やノートを取り出すと準備が整う。

こうして病室が教室になり、生徒ひとり、先生一人の授業が始まる。

いつも陽気な龍太郎が、その日は随分と機嫌が悪かった。

(勉強しないなら、先生もう帰ろうかな……)

彼の一番言われたくない、意地悪な言葉が口まで出掛かった。しかしその言葉を辛うじて飲み込み、思いついて腹話術で話しかけてみることにした。

**「おーす、リュウ君。俺も入れてくれよ」**

二人以外に誰もいない部屋で、突然聞き慣れないおかしな声がするので、彼は驚いたようだ。

「なに？　先生。なんて言ったの？」

「先生じゃないよ。先生しゃべってないもん。この人形が喋ったみたいだよ」

わたしは、ベッドの支柱にかけてある布製の人形を指差した。それは前年のクリスマスイブの日に、お父さんから贈られたものだ。手足が太くお腹がぽっこりと突き出た、少々くたびれた中年おじさんのような人形だ。

「にんぎょう?」

**「そう、俺が　しゃべったんだよ。リュウの頭の上にいるだろ。俺だよ」**

人形から突然変な声で話し掛けられ、龍太郎は言葉が出ない。

**「なんの勉強してるんだよ」**

「…………」

**「なんで、黙ってるんだよ。返事しろよ」**

「………だって」

**「だって、なんだよ。先生、帰っちゃうみたいだぞ」**

「………やだ」

**「じゃあ、やろうよ。俺も一緒にやるからさ」**

腹の出た人形をオーバーテーブルの上に置いた。

「うん、やる」

龍太郎は人形をしばらくのあいだ見つめて、やがて小声で人形にむかって返事をした。

人形に代わりに言ってもらったというだけで「帰っちゃうぞ」というあたり、意地の悪い対応であることにかわりない。けれども、この突然やってきた「転校生」のおかげで、以後彼はずいぶんと変わっていく。

不思議な転校生は「みっ君」と名付けられた。龍太郎が名前を決めた。

みっ君は、おしゃべり好きで、勉強が苦手な、というよりは嫌いな、やんちゃな男の子であった。

昆虫の生態を映したビデオを見ていると、眠くなってきたことがあった。

(このまま黙っていると、本当に居眠りをするぞ)

そう思い、腕組みをして目を閉じ、みっ君に登場してもらった。

「**あれっ、龍くん、見て。先生、寝ちゃったよ**」

「あ〜、ホントだ。寝ちゃったぁ」

龍太郎は少しだけ声をひそめてこたえる。

「**先生のくせに、駄目だよなあ**」

みっ君は辛辣で

「疲れているのかな〜」

龍太郎は優しいのだ。

**「違うよ。きっとビール飲みすぎたんだよ」**

「そうかあ、ビールかあ。じゃあ、ごんだ先生はヨッパライだね」

**「うん、酔っ払いだ」**

「しょうがないなあ。仕方がないから、少しだけ寝かせてあげようか」

**「うん。だけど、起きたらお説教だ」**

「うん、お説教だね」

先生がゆらゆらと居眠りをする隙に、ビデオそっちのけでふたりのおしゃべりは続く。

やんちゃなみっ君は、授業中にもう勉強はやらないと言い出したり、先生の質問を無視して遊びだすこともある。

「みっ君、ちゃんと勉強しなさい。いいかげんにしなさい」

そんなみっ君にイラついて、担任は声を荒げる。

**「やだもんね〜。いいかげんになんか、しないもん」**

みっ君は平然と言い返し、授業を混乱させようとする。龍太郎は激しくなる「二人」のバトルを、どちらの味方をするわけでもなく黙って聞いている。

彼がずっと黙っていると、わたしは自分の声と腹話術で延々と話し続けなければならない。結構疲れるのだ。(疲れた、もう限界だあ)と思うようなときは、みっ君に先生と決定的に対立するような言葉を言わせる。

「そんなこと言うなら、龍君の意見も聞いてみようよ」

そしてすかさず龍太郎に判断をゆだねる。

**「いいよ、龍君どう思う? どっちの味方?」**

みっ君に問われ、龍太郎は困ってしまう。彼との友情は大切にしたい。けれども言ってることは、どうやら先生の方がまっとうなようだ。どうにも困ったことになった。苦悶の表情を浮かべつつ、時に龍太郎はみっ君と一緒になって授業妨害をし、ときにはみっ君に非があることを言葉を尽くして説明しようとした。

授業の中で、みっ君はしばしば質問も発した。わたしは質問には答えず、龍太郎に同じことをたずねる。

「龍君、どうやって説明したらいいかな?」

正しい答を知っているはずの教師の問いかけには、口をつぐんだり自信なさそうに答えることの多い彼が、みっ君の疑問には粘り強く考えた。そして自分なりの「解答」を見つけだし、言葉を選びつつそれを伝えようとした。

けれど苦労して紡ぎだした解答に対しても、みっ君はすぐにまた別の疑問を投げ掛ける。龍太郎は再び出されたその疑問に答えるため、必死になって考えをめぐらせた。なにしろ自分の方が兄貴格なので、みっ君の疑問にはなんとしても答えたいのだ。

こうしてみっ君は、龍太郎の認識の力を鍛えることにも影響を与えた。

「三人」での授業を続けるようになると、龍太郎は「先生の来ない日も、みっ君と勉強をしたい」と言うようになった。看護師さんたちは忙しく、そうしたことに付き合う時間はほとんどない。実習で訪れる看護学校の学生に頼むことにした。

何人もの学生が腹話術に挑戦してくれた。訪問教育の授業がない日、学生たちは先生になって、「みっ君」を腹話術で演じる。そして龍太郎と三人で国語や算数の学習をするのである。

「龍太郎君ってすごいですね。私、逆に励まされてしまいました。実習でちょっと疲れていたけど、絶対に看護師になるぞって元気になりました。ありがとうございました」

そう言って龍太郎の様子を報告しながら、涙ぐむ学生もいた。「先生」のはずである彼女たちが、龍太郎から元気を分けてもらったようである。

わたしの腹話術は下手くそで、しばしば口が動く。そんなとき龍太郎は、目の玉を上に向け視線を合わせないようにして、ムッとした表情をつくる。

「先生、口が動いてるよ」

「ごめん、こんどから気をつけるから」

謝ると視線をそらしたまま、すこしだけ表情をゆるめる。

「ウン、じゃ今度から気をつけてね」

そう言って、龍太郎は再びみっ君との世界に戻っていく。

彼は知的な遅れがあるわけではない。人形が喋るなどと本気で思っていたわけではなく、みっ君が腹話術によって生み出された存在であることは理解していた。理解しながら、みっ君を共に授業を受ける級友として扱った。

食事・排泄・体位の変換と、呼吸以外の殆どすべての行為を大人たちに委ねる日常のなかで、龍太郎にとってみっ君は唯一対等の立場にたてる存在だった。

命令されることも、することもない。一方的に教えられたり、助けられたりする相手でもない。冗談を言い合ったり、ふざけたり、まれには励ましたり励まされたりもする。悪戯をするのだって一緒だ。たとえ生きている人間ではなくとも、龍太郎にとって、みっ君はまぎれもなく「仲間」であった。みっ君に支えられ、そしてみっ君を支えることで、彼は自らの育ちを確かなものにしていったように思う。

こどもたちが人間に育っていくためには、信頼できる他者が必要なのだ。そして心を許すことのできる他者が確かにいると感じたとき、かれらは可能性を一層広げていく。

当たり前のことだが、龍太郎と「みっ君」は、改めてそのことを教えてくれたように思う。

## 同行する人

難病の治療を続けながら訪問教育を受ける理沙（中二）が、授業を拒否するようになった。中学生の授業を担当する教師は三人。毛受先生が病院を訪れる日に限って、理沙は頭からすっぽりと毛布をかぶり体調不良を訴える。

もとより病気で入院しているのだから、体調がいいなどということは少ない。だが、ほかの教師の授業日にはそうしたことはない。毛受先生の授業がある日に限って、体調悪化を口にするのだ。付き添っている母親も、やがてその意味を理解するようになる。

「顔を見るのもつらそうなんです」医師や看護師長に事情が伝えられた。精神的なストレスは、病状にも決していい影響は与えない。医師からの要請があり、毛受先生は理沙の担当から外れることが決まった。

いくら病気のこどもたちの学校であるといっても、担当教師を変更するなどということが頻繁にあるわけではない。異例の対応である。しかし理沙の病状を考えれば、受け入れざるを得なかった。

「何が、いけなかったんでしょうか」

毛受さんは、がらんとした訪問担当教員の職員室で唐突に言った。ほかの同僚たちは授業などで出払い、残っているのはわたしと彼女だけである。

担当する教師が増えたので、我々の職員室は本校の職員室とは別に作られ、教室として作られた部屋を転用して使っている。小学校の教室よりひとまわり小さい部屋に、十五人分の机と、教科書や教材を入れたロッカー、パソコン、それに食器戸棚や冷蔵庫が置かれると通路を確保するのも難しくなる。風の通りの悪い部屋で、クーラーもない。

六月になると、その狭い部屋に背の高い古びた大きな扇風機が一台運び込まれる。置かれた当初は「今年も来たか。頼むぞぉ」などと、皆からいたわりの言葉などをかけられる。だが暑さが増してくると、のろのろと首を振り熱い空気を撹拌するだけでちっとも部屋を涼しくできないそいつは、通路を狭くしてしまうということもあって「ジャマ。どけよ」などと邪険に足で押しのけられたりするようになる。

今年は空梅雨で、七月に入るとすぐに梅雨明け宣言が出された。真夏日が続き旧式扇風機に寄せられた期待称賛の声は、例年に増して短期間で終わった。

司書の小田切先生が「夏の課題図書、入ったよ」と教えてくれたので早速借り出して、ページをパラパラとめくっていた。

「くそぉ、まったく、なんて暑さだ。クーラーくらい入れろよな」

乱暴な独り言を口にした直後だったので、毛受さんの突然の言葉に驚き、せわしなく動かす団扇を持った手を止めた。

(んっ？　なんだ？　どうしたんだ)

間の抜けた顔をして(たぶん)、かすれつぶやき声の発生元をみた。

彼女は(ほんとうに私、もう、疲れ果てました……)というような表情をして、三つほど隣の机のところで力なく立っている。さっきまで自分の席にいたはずなのに、いつのまにそんな所に来たのだ。

毛受さんは数年越しの希望がかなって、この年訪問教育担当になった。こどもたちのために何をしてやれるのだろう、いつもそんなふうに考え込んでいるようなところがある真面目な先生だ。

「D病院のことか？」

理沙の入院している病院の名前を言った。彼女は「ハイ」と小声で返事をした。

「はじめの頃は、しっかりと授業を受けていたんです。宿題もきちんとやってあったし、やる気もあったとおもいます」

「やる気があった、かあ。どうして、そう思ったの」

「それは、エート、何というか。全体の感じとか、いろいろで」

毛受さんは口ごもりながら曖昧なことを言った。

「もう少し、詳しく話してみてよ。それからさあ」

「はい」

「立ってないで、座れよ」

彼女は、(あっ、すみません) と言ってから、隣の同僚の机の下に押し込まれている三十年前のオフィスで主流だったような灰色椅子を引っ張り出して座った。そして理沙と自分の関係を順を追って話しだした。

地元中学から送られてきた指導要録には、理沙が優秀な成績であることが記されていた。それを読んで真っ先に考えたのは、退院して地元校に戻ったとき学習の遅れがないようにしておきたい、ということであった。

訪問教育は週に三回。中学生の授業は三人の教師で分担するから、自分の授業は週に一回。翌年に高校受験を控えた中学生には少ない回数である。一方、教科学習でやるべきことは多い。

「病気なんかに負けないで、勉強をしていこうね」「あなたなら、できるわ」毛受さんは、熱い言葉を語りつつ授業をすすめた。

もともと優秀な理沙だ。先生の要求に応えようと、気丈に学習をつづけた。だが長続きはしなかった。次第に表情が暗くなり、投げやりな態度も見せるようになる。あせる毛受さんが厳しい言葉を口にすると、次第に授業が成立しないようになり、ついに二人の関係は最悪の方向に向かった。

「他の先生たちは、そんなに勉強にこだわってなかったんだ」

「はい。あまり勉強をしてないな、と思ってました。美術の授業でもないのに絵を描いたりして。理沙さん、描くの好きだから。二時間の授業を、半分くらいで終わってしまうこともあったようで」

「ちょっと批判的にみてたんだ。何やってるんだ、って」

「……はい」

週一回・二時間の授業はオハナシにならないくらい少ない。時間をさらに短くすることなど、彼女には考えの埒外であったのだろう。

「理沙は自分の授業は二時間きちんと受ける。他の先生たちは、教師として確かな言葉をもっていない。だから二時間の授業が続かないのだ。そう思って(私いい先生、あの人たち駄目教師）って、満足してたんじゃないのか」

辛辣なことばに驚いたのか、毛受さんは口を半開きにしてまじまじとわたしの顔を見た。まさかそんなことを言われるとは、思っていなかったのだろう。

「その子はなあ、きっと『いい子』を演じることに疲れたんだよ」

「どういう、ことでしょうか」

「重い病気であると知らされて間もない中学生が、教師の励ましのコトバで授業を積極的に受ける気持ちになっていく。そんなことが本当にあると思ってたのか」

「……」

「深い絶望感に包まれたにんげんが、簡単な働き掛けや言葉で希望を持つなどということは奇跡のような偶然でしか起こらないよ。教師である自分は、奇跡を演じられる特別の人間だと思ってたの」

「いえ、そんなことは……」

毛受さんは語尾が聞き取れないような弱々しい声でこたえた。

「生徒の戸惑いや不安や悲しみを、自分のちからで何とかしてやれるとでも考えていたなら、ずいぶんと傲慢で愚かなことだよ」

「……」

「テレビのドラマじゃないんだ。こどもたちは生身の人間だよ」

毛受さんは、ぴんと伸びていた背中を丸めて身体を椅子の背に預けた。古びた灰色椅子は、ぐぎぎぎと錆ついた音を出した。

（ゴンちゃんは、教師には結構キツイこと言うもんなあ）

もう退職してしまった留さんに、昔そう言われたことがある。

うなだれて腰のあたりから丸くなってしまった彼女をみながら、留さんの言葉を思い出した。少し言い過ぎたかもしれない。

「別のふたりの先生たちは、『いい子』でいることなんてないよって、伝えたかったんだ。（授業なんか受けるの嫌だ）そう思っても仕方のないときなのだ、そう考えていたんだろう。別にさぼっていたわけじゃない」

「私、自分がドラマの主役になりたかったのでしょうか」

「僕が地域でやってる『のびのび教室』のこと、知ってる?」

質問には答えず、話を変えたので毛受さんがわずかに顔をあげた。

「はい、聞いたことはあります」

「そこにさ、不登校になった男の子が来てたことがあるんだ」

怪訝な顔をしながらも、その話を聞きます、というような目をして彼女はこっちをみた。

砂川慎吾は、四年生の後半あたりから『のびのび』に顔を出すようになった。その彼が五年生になり、五月の連休が明けると小学校に行かなくなった。

学力の遅れがあるわけではない。運動能力も優れ、運動会ではずっとリレーの代表選手に選ばれてきた。寡黙ではあるがおっとりとした性格で友達も多い。父母もやさしく、何かを強制するような人ではない。不登校などというものとは最も位置遠いところにいる、そう思われていた彼が頑として学校に行くことを拒んだ。

彼が学校を休んでいるということを、暫くの間知らなかった。教室には変わりなく元気な顔を見せていたからだ。

小学校の担任や学年主任たちの様々な働きかけが続く。だが両親を含め、だれも慎吾が学校に行かなくなった理由が分からず、手の打ちようがなかった。

もうすぐ夏休みになるという土曜の夜。その日は、プロ野球のようにナイターで野球を楽しむことになっていた。

『のびのび』の野球ルールは変則だ。低学年や女子は、ワンバウンド捕球すればアウトにできる。技術に応じて、八回空振りをしてようやくアウトになる八振（はっしん、と読む）までである。一番技術力の高い数名は、一振（いっしん）でアウトだ。

八振の女子がヒットを放つ一方で、一振と認定された野球の上手い男子が狙い澄ましたボールを空振りして、即アウトになる。「うおっー」と叫びつつその子が悔しがると、母親たちがうれしそうに笑った。

夏の夜、明るく灯された照明の下でそんな変則野球をやっていると、公園の入口の所で様子を窺っている女性がいるのに気付いた。誰だろう。気になって妻に見にいってもらった。しばらく話し込んで妻は戻ってきた。

「慎吾君のクラスの先生だった」

「先生?」

「今夜、ここで『のびのび』があって、慎吾君が参加するということを聞いたらしいわ」

「誰に?」

「さあ、それは言ってなかったけど……」

引きずって学校に連れて行くこと以外、すべて手は尽くした。不登校の原因が担任教師である自分にあることは分かっている。けれど、もう自分の力ではどうしようもない。『のびのび』には通っている、と他の子から聞かされていた。自分が姿を見せることで慎吾が動揺したらいけないと躊躇したが、夜なら姿を見られないだろうと思って今夜ここに来た。慎吾の先生はそんなことを話したという。

「あんな所に立ってれば、夜でもしっかり目立ってるけどな」

笑って言ったが、妻は同調しなかった。

「慎吾君をよろしくお願いします、って最後は泣いてたわよ」

「そうか」

慎吾をそうした状態にしてしまったという自責の思いや、父母や同僚に対する片身の狭い気持ちが彼女を追い詰めているのだろう。同業者なので苦しみが理解でき、ふざけて口にした言葉を後悔した。

夏休みに入り、二泊三日で愛知青少年公園に出掛けることになった。万博会場になったため現在はすべて取り壊されたが、当時そこには宿泊棟からキャンプ場、プールにサイクリングコース、三面ある少年野球専用球場、それに緑の木々がたっぷりとあった。こどもたちは三日間、ここで激しく遊ぶのだ。

一日目の夕食。食堂に入ると慎吾がわたしのところに来た。

「おじさん、全部食べんといかんの?」

「好きにすりゃあいいさ。夜中に腹が減らない程度に食べとけよ」

おかしなことを聞くなあ、と思いつつそう答えた。洗い場に食器を戻すとき、ちらりと見た慎吾の皿にはおかずが半分ほど残っていた。

九月になった。あいかわらず慎吾は、学校には行かない。自宅で母親や祖母が勉強を教え、『のびのび』で遊ぶという日々が続く。そうして二学期の半ば。原因が分かったと、お母さんが連絡をくれた。原因は給食であった。

慎吾は四年生の春に引っ越してきた。四年の担任は、給食のことなどあまりうるさく言わなかった。だが五年の担任教師は律儀な人であった。食の細い慎吾を思いやり、配膳する量を指示し、残さずしっかり食べるよう「指導」したのだ。

夏の不可解な質問の意味が、そのときようやく分かった。

理由が分かれば手だてはある。十一月になって慎吾は久しぶりに学校に通い始めた。四時間め終了と同時に帰宅し、午後は休む。五年生の間はそんな登校が続いた。六年生になると、給食の時間だけ家に帰り食事を済ませる。それから五時間めにもういちど学校に行くという生活にまで戻った。

だがそこまで回復するのに、一年の時間が必要であった。

「話は、それでおしまい」

終わり方がいきなりだと感じたのか、毛受さんは訝し気な表情をしている。

「その先生は休日の夜にわざわざグラウンドまで来て、涙を流す心の優しい教師だ。熱心で意欲もある」

「はい」

「けれど結果的には、慎吾に深い傷を負わせることになった。そしてたぶん彼女も、ひどく傷ついたはずだ」

「そう思います」

「そのヒト、誰かに似てないか」

毛受さんは、あっと声を上げると、掌を重ね合わせて口の所に持っていった。驚きの声をあげたまま、口が半開きになっている。

「何の疑いもなく、自分はこの子のためにナニゴトかをしていると思い込む。そんなところなんか、そっくりだよな」

「……」

「慎吾の担任教師の間違いは、どこにあったと思う」

毛受さんの口は閉じられ、答を探すためにしばらく考え込んだ。

「給食をきちんと食べなさいと口で伝えるのではなくて、栄養のバランスについて理解を深める授業をしたり、調理実習を楽しんだり、食に関わる魅力溢れる人物に授業を任せてみたりすればよかったと思います」

言葉を選ぶようにして、彼女はゆっくりと答えた。

「そう。割合に単純なことだよ。傍から見れば、どうしてそんな簡単な構図を理解することができないのだ、と思ってしまうようなことだ」

「それから、給食が原因で学校に行くことができなくなる子は少なくない、って知っていればもう少し慎重になったかもしれません」

「そうだよな。毛受さんと理沙の場合もそれと同じで、けっこう単純なことじゃないのか」

「どうすれば、良かったんでしょう……」

彼女はまっすぐこちらを向いて言った。

厳しい言葉をなるべく使わないようにしようと、言うべきことを頭の中で整理した。留さんに叱られないような言葉を使いたい。

「正しくて美しくて反論の余地のない教師コトバなんぞ語らず、理沙の気持ちが変化するまでときどき手品でも披露して、寄り添いながらゆっくりと待つべきだったんじゃないか」

「待つんですか」

「たぶん、それしか方法はなかったと思う」

「待ってたら、理沙さん変わったのでしょうか」

「それは分からない。けど待った末に、意欲も見せず授業を受けることに積極的にならなければ、それはそれでいいじゃないか」

「……」

「どれほどしてあげたいと願っても、教師にはどうしようもないことだってあるんだ。たくさん、ある」

毛受さんは自分の思考のなかに入り込んだようで、また黙り込んだ。ぴたりと重ねられたふたつの掌が、額から鼻そして口と顔の真ん中をゆっくりと上下する。

けっこう長い時間が過ぎた。

「……はい」

何に返事をしたのか分からないが、彼女は入り込んだ自分の世界から戻ったようだ。

「重い病気になって治療を続けるこどもたちは、教師がべたついた使命感を抱いて教育を展開することなんて願ってないよ。一般的には『善』とされる真面目であることや、熱心であることも、ときとして嫌悪の対象とする」

「じゃ、私たちは何をすればいいんでしょうか」

「それは、其々が自分で考えて決めることだよ」

「権田先生は、どう考えているのですか」

いろいろ言うけど「解答」はあるのかよ、とでも言うように毛受さんは迫った。

「こどもたちが育っていくためには、『信頼できる他者』が欠かせない――よな」

「はい、そう思います」

「(他者) は、親であったり兄弟や祖父母であったり、友達であったりするんだけど。我々がそうした存在になれるかといえば、それはとても難しいことだ、と俺は思ってる」

「教師は、信頼できる他者にはなれない、ということですか」

「いや、なれない、というわけじゃない」

こどもたちが教師を必要とし、大きな影響を受け、感動的な変化や劇的な成長をみせることもあるだろう。ただ、それは稀にしか起こることではない。

大半の教師は、欠点も多く持つ平凡な人間である。そんな普通の人間が「自分は『信頼できる他者』なのだ」と独りよがりの錯覚を持てば、その先は悲しい現実しか引き起こさない。

平凡な我々に出来ることは、こどもが疲れたときにわずかの支えになったり、どっちの道に行けばいいのと尋ねられた時に (そんなことが、もしあればだ。現実には、そんなにあるわけではない)

「う〜む。センセイはこっちだと思うが……」

などと呟く。それくらいのものではないか。

重い病気を患うこどもたちと接することが長くなるにつれ、自分は身に付けていた「教師としての常識」のようなものを削り落としてきた。

授業を受ける態度や姿勢を問うたり、細々とした規則を守らせようとするのは滑稽なことだ。ありふれた励ましの言葉を口にしたり、意欲や夢を持てなどと希望を語る行為は現実を前にして妙にそらぞらしい。お前のためを思って言うのだ、などという押しつけがましくがさつな情熱は、こどもたちとの距離を深めるだけだ。普遍性のない「道徳」を語ることも、オソロシイことである。

淡々と授業をし、冗談を言って笑いあい、ときどきは楽しく遊ぶ。削ぎ落とした結果、残されたのはその程度のものになった。

役目なので側にはいる。そして全面的な味方である。だがそれ以上のことはできない。結局のところ、こどもたちは自分で育っていくしかないのだろう。

教師は同行者――。シンプルすぎる、そしてずいぶんほっそりとした教師観だが、自分はそう思っている。

そんな話をした。毛受さんはあちこちに飛ぶ長い話を、自分の意見を表明することなく聞いていた。納得しました、という顔はしていない。

(だったら教師の仕事なんて、なくなってしまうじゃありませんか)などと思ったのかもしれない。無理もない。

（ケド、まあ、そんなにコワイ顔をしてにらむなよ）

そう言おうとしたとき、職員室の電話が鳴った。事務室から回された外線であった。転学希望者がいるので、入学相談をしてほしいという名古屋の病院からの依頼である。しばらくその電話に応対した。

電話を切ると、毛受さんは自分の机に戻って出掛ける準備をしていた。ふたりとも午後から授業がある。そろそろ学校を出る時間が迫っている。

「権田先生、ありがとうございました」

彼女は立ち上がって言った。

「あっ、いや、なんかエラソーに言ってしまったみたいだな」

「いえ、そんなことありません。言われたことは、すぐには理解できないかもしれませんが、ちゃんと考えてみます」

「うん、俺が言ったことが正解とは限らないからな。最後は自分で考えるしかないよ」

毛受さんはもういちど礼を口にして、手提げ鞄と大きなショルダーバッグを両手に持った。

「じゃ、授業に行ってきます」

彼女は大きな声で挨拶をしてポコリと頭を下げると、急ぎ足で部屋を出ていった。

今のやりとりを留さんが聞いていたら、何と言うだろう。留さんなら同じようなことでも、もっと穏やかでしかも腹にストンと落ちる言い方をしたかもしれない。

けれど毛受さんは聡明な人だ。自身が生徒に拒否されたという事実が、きっと教師としてのありようの変化を促すはずだ。俺の話など問題ではないさ。(事実が彼女を鍛える)だ。似たような題名の本があったな、と思いつつ強引に彼女との話に結論を下した。

自分も、もう学校を出なければならない。授業に必要なものを急いでリュックサックに詰め込んだ。課題図書はこの時期みんなが読みたがるので、いちど図書室に返した方がいいな。そう思い、借り出した三冊の本を手に持った。それから(よおし、じゃ、行くか)と喉の奥で気合いを入れて、大型扇風機のスイッチを切り部屋の電気を消した。

午前中の授業を終えた同僚が帰ってくるまで、数時間ほどこの部屋は空っぽになる。存在感だけは十分な旧式扇風機も、その間は、ぼやかれたり蹴飛ばされたりしないでゆったりとした時間を過ごせるはずである。

## あとがき（身辺雑記）

こどもたちと、その周囲の大人たちを描いた話はおしまいである。ここからは「あとがき」である。

昨年一月、病院訪問教育を広く知ってもらうために、お母さんたちの手記をまとめた三十項ほどの小冊子を作った（『病院の中に学校があった』）。同僚であった野田さん（現在は県立の盲学校に転勤した）と二人で、以前担任をしたこどもの母親に依頼してまとめたものだ。

冊子は六百部を刷った。地元の中日新聞やＮＨＫラジオで紹介されると、病気の子を持つ父母、学生や医師、教師、市会議員それに教育委員会や名古屋市の図書館などから問い合わせがきた。連絡先を自宅にしたため、帰宅すると留守伝が一杯になっていることが多く、発送作業に忙殺される日が続いた。

ようやく一段落した二月の後半。NHKテレビ名古屋放送局の報道番組ディレクターから電話があった。彼は熊井と名乗った。

「冊子を読みました。病院のなかでの教育を金曜夜七時半からの『ナビゲーション』という番組で取り上げたいと思っています。手記を書いた母親と、現在病院で訪問教育を受けている生徒の取材がしたいのですが、可能でしょうか」

ざっとそんな内容の電話である。病院訪問教育を広く知ってもらうにはよい機会だ。冊子を作った願いもそこにある。だがテレビとなれば、話はまた別だ。

こどもたちは髪がまったくない子もいれば、元気に学校へ通っていたころとは別人のように痩せてしまった子もいる。地元の小中学校に「病名を絶対に公表しないでほしい」と要望している父母も少なくない。そんなこどもたちがテレビカメラの前に立つのは、どう考えても不可能だ。手記を書いてくれた七名のお母さんも、全員が仮名にすることを望んだ。そうした事情を丁寧に伝えた。

「趣旨は分かるし、ありがたいことだと思います。けれど、そんな状況なので、こどもたちや母親を映すことは無理だと思う」

「そうですか……。分かりました」

熊井氏は、あっさりと引き下がった。その後しばらくは連絡がなく、諦めたのだろうと思っていた。だが三月に入ると、再び電話をしてきた。

「最終的な上司の許可は下りていないが、自分は是非やりたいと思っています」

「いや、前にも言ったように、期待には応えられないよ」

「子どもやお母さんの顔や声は、特定できないように、映像と音声の処理をすることもできます」

「知った人が見れば分かるよ。それにこどもたちは病気であることを公表しても、何もいいことなどないんです」

前回と同じことをぐずぐずと繰り返した。熊井氏は言葉をかえてしつこく食い下がってきた。話は堂堂巡りのようになり、随分と長い電話になった。

「分かりました。けれど、とにかく一度会って話をして下さい。会うだけで構いませんから……。会うだけです」

根負けをして、その週の土曜日に彼が家に来ることを了承した。

約束の日、時間に三十分以上遅れて到着した熊井氏は、ひょろりと背の高いまだ二十代と思われる青年であった。落ち着いた電話の声と話し振りから、もう少し年上だろうと漠然と思っていたのですこし驚いてしまった。

「阿久比あたりで、半島の風景が変わりますねえ」

遅刻を詫びることもなく、彼は高島屋の袋に入れた饅頭を差し出した。阿久比町は唐辛子のような形をした愛知県知多半島の、ちょうどまん中辺りに位置する町だ。南北に延びる半島を縦断するように名鉄線が走る。その車窓から見える景色を思い浮かべた。どう変わるのか、あまりよく分からず（そうだったかなあ）と考え込んでしまった。だが映像を仕事にする彼には、風景の変化が見えたのだろう。

熊井氏は、病院内教育の現状について幾つか質問をした。問われるままに話すうちに、彼がすでにそれらのことについてかなり詳しく調べあげていることが分かってきた。頭の回転も抜群に早い。整合性のない話をすると、ゆったりとした口調で鋭い疑問を口にする。

ＮＨＫテレビは前年の十一月、夜七時半からの全国放送の帯番組『クローズアップ現代』で、病院内教育について取り上げていた。よくまとまった番組だったが、病院の中で行われる教育を院内学級に限定し、病院訪問教育のことが抜け落ちていた。

病院内での教育を院内学級に限ると、院内学級の設置されていない病院ではこどもたちは教育がまったく受けられない、ということになる。そうした制度的不備を補うために病院訪問教育がある。冊子の最後で、私はやや批判的にそのことに触れている。

「だからこそ今度は、是非、訪問教育をとりあげたいんです」

話はいつのまにか、取材意図の説明や放送することの意義になっていった。「会うだけ」というのは方便のようなものであった。取材の了解をもらうまでは帰らないという雰囲気である。二時間ほど話しただろうか。

「わかった。お母さんと校長と医者には話をしてみる。けど、こどもたちをテレビに映すことはやはり難しいことだと思う。両親や本人から了解をもらう自信は、僕にはない。詳しいことは、直接話してみてくれ」

最後は、説得に折れるかたちでそう言わざるを得なかった。

「じゃ、いいんですね」

熊井氏は、落ち着いた声で念を押した。

「うん。だけど、難しいと思うよ」

「そのときは、また考えます。とりあえず御両親と本人に会わせてもらえれば、あとは僕が話しますから」

安堵したのか、彼の顔からすこし笑みがこぼれた。

それから、持ってきてくれた饅頭を二人で食べた。

駅まで車で送るよと言うと「ゆっくりと歩きますから」と申し出を断り、熊井氏は玄関で一礼をして振り向くことなく帰っていった。

うまく丸め込まれたのかもしれないな……。飄々と歩く後ろ姿を見ながらそう思った。

「上司の最終許可を得たので、学校と病院に正式に取材を申し込みます」

一週間ほどたって連絡が入った。校長には話をしてあると伝えると、彼はすぐに電話をして、校長と会う約束を取り付けたようであった。

十六人にまで増えた病院訪問担当者の職員会議で、「NHKテレビのディレクターと会ってもいいという生徒と両親がいたら教えてほしい」と同僚に頼んでいた。だが予想したとおり数は少なく、会うことを了解したのは自分が受け持っている二人の小学生と、中学生担当の小野崎さんのクラスの生徒ふたり、合わせて四人だけだ。

熊井ディレクターは、四人のいる病院を訪れた。そしてその日のうちに取材に協力する同意を取り付けてしまった。

紹介した母子全員が、テレビ取材を了解したことには驚かされた。同席していないので、彼がどんな話をしたのかは知らない。だが熊井には、どこか人をひきつける誠実な魅力のようなものがある。それで皆が了解したのだろうな、と思った。

病院の中での教育は、今も全国で統一された制度が確立されていない。県によって実施内容が異なる。用語が同じであっても、地域が異なるとまったく別の形態で教育が行われていることも少なくない。専門とする研究者もきわめて少なく、実態調査もあまりすすんでいない。そうした現状を、彼は具体的に調べていった。

そのパワーと手腕に感心しつつ、一方で強引さに戸惑うこともあった。疑問があれば時をかまわず電話をしてくる。そして自分が納得するまで電話を切ろうとしなかった。

事前の調査を一通り終えると、映像取材が始まった。

病院への通勤風景を映すといって、私の小さな乗用車の助手席にシートを後ろまで目一杯倒してカメラマンが仰向けに倒れるようにして乗った。運転席後部にはカメラ助手が座り、さらに彼まで乗り込もうとする。車内で指示を出したかったのだろう。

「あのなあ、熊井君。乗れるわけないだろ。見りゃわかるだろうが」

乱暴に言うと、そうですねちょっと無理ですかね、と彼は首をひねった。

(ちょっとじゃないよ。全然無理だろうが)

狭い車内で、カメラマンは運転する私の顔にレンズをぐいんと近付けて撮影を始めた。

(勘弁してくれえ。何に使うんだこんな場面を)

ぶつぶつと気弱な愚痴をこぼしつつ、仕方なく強引ディレクターの指示に従い、真面目に前を向いて運転をした。まあそれは、指示されなくても、やらなきゃいけないことではあるのだが。

番組は四月二十五日、東海地方で二十五分間放送された。愛知医科大学病院の訪問教育と、名古屋第一赤十字病院の院内学級を取り上げ現状を紹介し、後半では課題にも踏み込むという優れた報道番組になっていた。

病院の中での教育を知ってもらうために作った、僅か六百部の冊子。そのうちの一冊が彼の目に止まり、何十万人という人になるのか。正確な数は分からないが、とにかく多くの人たちに知ってもらうことができた。

制度をもっと多くのこどもたちに利用して欲しい、そう願った我々には十分にありがたいことであった。

六月の末になって、熊井から電話があった。また何か仕事か、と一瞬身構えた。

「富山放送局に転勤することになりました」

彼は意外なことを言った。

「転勤って、どうして。何か、しでかしたのか?」

「違いますよお。NHKは、七月に人事異動があるんです」

「そうかあ……」

受話器のこっちと向こうで、ちょっとのあいだ沈黙がつづいた。

「行っちゃうんだな」

口に出してから、この言葉は昔どこかで聞いたことがあるぞ、と思った。

「はい。行っちゃいます」

熊井は明るい声を返した。

番組放送終了後、野田さんや同僚の小野崎さんと酒を飲む機会があったので熊井を誘ったことがある。その日も遅れてやって来た彼は、取材をすすめている時よりは幾分ゆったりした雰囲気であった。放送前一週間ほどは、徹夜に近い日々が続いたという。

「どうして病院の中での教育などという、あまり目立たないものを取り上げようとしたの?」

野田さんが質問をした。

「教育問題は、ずっと追い掛けていきたいテーマなんです。けどメジャーなものには、あまり興味が湧かなくて」

熊井はそのようなことを口にし、野田さんの勤務する盲学校の話を熱心に聞いていた。

「よし、君はこれから我々の呑み仲間に入れ」

その夜、酔った私たちは何度もそう言った。あんな夜がこれからも続くと思っていたが、どうやら無理のようである。

「先生、こどもたちのこと書くんでしょ」

こちらの落胆を気にするふうでもなく、熊井は電話の向こうで屈託のない声を出した。

(気がつくと、いつのまにか学校で古株教員になっている。いつか自分もこの学校を離れる。そうなる前に、こどもたちのことを書いておきたい)

取材のために何度も会うなかで、そう洩らしたことがある。

「うん? ああ、まあ、そうだなあ」

もののはずみでうっかりと口にしたことまで、そんなにしっかり覚えている必要はないのだ。私は曖昧に言葉を泳がせた。

「書かなきゃだめですよ。書いて、読まして下さい」

そういうしつこさと、ためらいのないきっぱりとした強引さがテレビの報道番組を作るのには必要なのかもしれない。学校という組織のなかでは、あまり遭遇するタイプの男ではない。

「うん、まあ、書けたらな。名古屋には何年いたの」

私は話題を変えた。

「二年です。また戻ってくることもあるかもしれません」

せっかく飲み仲間に引きずり込もうと思っていたのに残念だよ、そう言うと熊井はすこし笑ったようであった。

「富山にも遊びに来てくださいい。旨い寿司屋を探しておきますから」

突然電話をかけてきて「会いたい」としつこく粘った公共放送の報道ディレクターは、あっさりとした社交辞令のような言葉を残して転勤していった。


夏休みに入ると、熊井の言葉に背中を押されるようにして原稿を書き始めた。ただぞろぞろと書くのでは最後まで書き切れない。そう考え、枚数と締切日を設定するために北九州市の主催する文学賞に出すことにした。

森鷗外が在住した北九州市は、それを記念して文学賞を創設している。文学賞といっても、プロの書き手を目指す人が応募するようなものではなく、素人が経験したことを書けばいい。自分の書こうとするものと合っている。

二ヵ月かかって、二百五十枚ほどの原稿を仕上げた。推考する時間を十分にとることもせず、締切日の夕方六時に郵便局に駆け込み投函をした。

受賞など考えられないことだが、ひと仕事終えたという感慨もありなんだかほっとした。

いつか熊井から連絡があるだろう。そしたら何気なく
「おう、書いたぜ……」

などと自慢をしてやろう。そう、ほくそ笑んだのだ。

訪問教育を受けるこどもが近年になく多く、授業数が増えて毎日忙しく県内を走り回っていた。午前と午後で別の病院で授業をする日は、車を百キロ以上も運転する。十二月に入るといろいろな仕事が、どどっと押し寄せてきて、毎日あたふたと過ごしていた。

中旬のある日、北九州市経済文化局の職員から電話が入った。書いたものが最終候補作品に残っているというのだ。

「最終候補、ですか」

突然の電話に驚いて、返事は素っ気ないものになった。賞のことなど念頭になく、自分のなかでは投函した時点で一見落着、もう終わったことになっている。

「最終候補作は作家の三浦朱門先生、津村節子先生それに佐木隆三先生の諸先生方に読んで頂き、年明けに審査が行われます」

北九州市文化局のヒトは、応募パンフレットに書いてあることを言った。

「はあ、そうですか」

事態がよく飲み込めていないなと思ったのか、電話の向こうの聡明そうな声の主は、三氏の選考を受けその中から大賞と二席が決まるということを説明してくれた。やや苛立ちを含んだその声に、そうかこういう時はもっと感激したり驚いたり期待を表明しないといけないのだなと気付いた。

「ありがとう、ご、ごじゃいます」

せめてお礼は丁寧に言おうとしたら、言葉の後半が乱れてしまった。係の人は呆れたようで、結果はまたご連絡しますといって素早く電話を切った。

そうして年が明けた。三学期が始まって数日後。帰宅すると、富山の熊井から「正念場」という豪快な書が印刷された葉書が送られてきていた。

富山より寒中見舞い申し上げます。

お元気ですか。

僕の方は、富山らしい取材をしようと、寒ブリ漁船に乗船する日々が続いています。富山らしすぎて、冬の富山湾の寒いこと寒いこと。横なぐりの雪の中、カメラマンに文句を言われながら頑張ってます。

この葉書は休みに実家に戻ったとき見に行った、中川一政という人の書です。九十七歳で書いたものらしいですが、日々正念場というのも疲れるけれど、かくありたいと思いました。

権田先生はどうでしょう。
皆さんにもよろしくお伝えください。

熊井

どうでしょう、じゃないよ。日々正念場なんて、死んでしまうじゃないか。

だが奴は、仕事が楽しくて仕方がないのだろう。日々が正念場でもまったく疲れを知らず、むしろそのことを望みながら仕事に向かっているのだろう。やりたいことがたくさんありすぎて、どうして人間は眠らなけりゃいけないのだ、などと真剣にぼやいているのかもしれない。

俺に正念場なんてあったのだろうか。う〜む、そういうのは、あんまりなかったかもしれないなあ。というより、殆ど思い浮かばないではないか。大きく疲弊することもないが、それはそれでややむなしく、寂しいものであるなあ……。

などと思いつつ中川翁の「正念場」という文字を眺め、厳冬の日本海でカメラマンに文句を言われながら取材をすすめる熊井のことを考えた。光景が目に浮かび、声をたてて笑ってしまった。

饅頭五個でいろいろと働かされたけど、君は気分のいい、そしてナカナカ凄い奴だよ。毎日が正念場というのは、俺にはちょっと無理だけど、とりあえず言ったことだけは果たしたからな。

葉書をくるりと引っ繰り返し、熊井の文字をみながらそうおもった。

文学賞の発表は数日後だ。どうなるだろう。受賞することがあるのだろうか。いや、そんなことはあり得ないな。田舎の酔っ払い教師の書いたものが受賞などするわけがない。まあ最終選考まで残っただけで、熊井の奴に自慢できるさ。

俺だって、これを書くのはある意味正念場だったのだ、なんて気取って言ってやろうか。でも、そうした嘘はすぐバレるだろうな。呑んでしまえば
「わっはははは、正念場だったなんて、ホントは嘘！」

などと口にするに決まっている。やめたほうがいいな。

気弱に首を振り、数日中に発行しなければいけない組合の職場新聞の原稿を書くために、のろのろと二階の自分の部屋に向かった。

原稿はちっとも書けず、熊井のくれた葉書を見ながら、私はまたしてもぼんやりとしてしまったのである。

**権田純平**（ごんだ　じゅんぺい）
本名　山本純士
1956年愛知県生まれ。
愛知県立一宮聾学校に新任で赴任。現在、愛知県立大府養護学校勤務。
日本生活教育連盟愛知サークル事務局長、愛知県高等学校教職員組合執行委員などを歴任、愛知県知多市で地域教室「のびのび」主宰。
本作品で第14回北九州市自分史文学賞を受賞した。

**15メートルの通学路**

2004年10月10日　第1刷発行©

著　者　権田純平
発行者　駒木明仁
発　行　株式会社教育史料出版会
〒101-0065　千代田区西神田2-4-6
☎03 (5211) 7175　FAX 03 (5211) 0099
郵便振替　00120-2-79022

印　刷　パンオフィス／平河工業社
製　本　三森製本

定価はカバーに表示してあります。
落丁・乱丁はお取りかえいたします。

ISBN4-87652-453-X　C0036